Het thema centraal

De PM-reeks
verschijnt onder hoofdredactie
van Jan de Ruijter

Jeroen Hendriksen en Arjan de Wit (red.)

Het thema centraal

Theorie en praktijk van themagecentreerde interactie

ƅNƅ

UITGEVERIJ NELISSEN | SOEST

Copyright: © 2004 Uitgeverij Nelissen, Soest
Omslag: Matt Art Concept & Design, Haarlem
Omslagillustratie: Beatrijs van den Bos, Arnhem
ISBN: 90 244 1668 X
NUR: 742
1e druk: 2004

Uitgeverij Nelissen
Postbus 3167, 3760 DD SOEST
Telefoon: 035 541 23 86, telefax: 035 542 38 77
www.nelissen.nl, e-mail: service@nelissen.nl

Inhoud

Voorwoord

'Why is the world so stupid as we are all so intelligent?'
(Ruth Cohn, 2003)

Enkele dagen na haar 91ste verjaardag stelden Ruth Cohn en ik in een gesprek vast dat niet alleen individuen en teams maar ook organisaties als ze intelligent willen zijn en willen overleven, moeten leren leren. Ineens riep ze met haar schelle stem 'Why is the world so stupid as we are all so intelligent?' Even bleven we allebei stil. In die ene zin klonk zoveel door over waar het haar eigenlijk al die jaren om gaat. Waarom is onze wereld zo bizar terwijl we ons wereldwijd met steeds meer mensen zo intelligent 'verbinden'? En wat is ieders verantwoordelijkheid en 'eigen' leiderschap hierin? Hoe kunnen we bijdragen aan constructieve processen in het bedrijfsleven, de politiek, in zorginstellingen of het onderwijs, waar dan ook. En hoe kunnen we bijdragen aan opleidingen, via intervisie, door teamontwikkeling, in conferenties, training of coaching?

Ruth vindt dat we moeten oefenen om ons onontvreemdbare eigen leiderschap echt eigen te maken. Dan nemen we zowel verantwoordelijkheid voor onszelf als voor wat gebeurt in de wereld. Dat is het kernthema van haar leven en werk. Daar schrijven wij in dit praktijkboek over.
De sleutel tot het effect van de kracht van haar inzet ligt in haar specifieke werkwijze, die vorm heeft gekregen in de unieke methodologie van de themagecentreerde interactie (TGI). Het TGI-systeem verbindt omgevingsbewustzijn met individuele zelfsturing, met resultaatgerichtheid en kwaliteit in communicatie en interactie. De TGI zet methodisch stappen door de interactie te centreren rond de thema's die ertoe doen: de levende thema's waarvan wij kunnen leren. (Callens, 2003)

Niets nieuws, lijkt het. In de praktijk blijkt het al je gewoonten grondig door elkaar te schudden, als je je de grondhouding en de werkprincipes van Ruth Cohns TGI-systeem maar enigszins eigen maakt. Daarvan getuigen ook de verschillende bijdragen in dit boek, afkomstig van auteurs die allen betrokken zijn geweest bij het eerste volledig in het Nederlands uitgevoerde TGI-opleidings-programma. In het verleden was de TGI-opleiding alleen in Duits-talige landen te volgen. Ook is relatief weinig in onze taal ver-schenen over het TGI-systeem.

Dit boek is ontstaan vanuit de reflecties op de praktijksituaties die we in de eerste opleidingsgroep hebben besproken en doorge-werkt. Zelf mocht ik ook in dit opleidingsprogramma als opleider participeren. Mijn intensieve betrokkenheid met TGI loopt paral-lel met de leerweg die de auteurs hebben afgelegd. Ik heb me tij-dens het programma verdiept in het vertalen van het unieke TGI-systeem naar de wereld van het bedrijfsleven. Dit heeft ertoe ge-leid dat TGI opnieuw is gedefinieerd tot wat het in essentie altijd is geweest: een waardegedreven innovatief leiderschapsmodel.

Het TGI-systeem brengt leerprocessen tot leven, het genereert ver-anderprocessen en vernieuwing en noemt dat generatief leider-schap (generatief = voortbrengend, tot leven brengend). Daarmee is TGI in dit tijdsgewricht buitengewoon relevant voor organisa-ties en bedrijven. TGI geeft handen en voeten aan een belangrij-ke opdracht voor hedendaags leiderschap: van organisaties meer levende en lerende systemen maken, die het leer- en veranderver-mogen kunnen genereren dat nodig is in onze onzekere turbu-lente tijden. De doorontwikkeling van TGI als generatief leider-schapsmodel levert de unieke Dynamic Balanced Leadership ScoreCard© op met 33 daarbij horende competenties (zie voor adresgegevens bijlage 1). In diverse ondernemingen wordt thans met TGI geëxperimenteerd.

Het TGI-systeem is tot nu toe, ook internationaal, vooral bekend geworden als een model voor het werken met groepen. Daarnaast heeft het erkenning gekregen als model voor inter- en supervisie. Daarvan getuigen de hoofdstukken in dit boek waarin wordt be-schreven hoe je een vergadering eens anders kunt leiden, vanuit TGI-principes. Die hoofdstukken geven een doorkijk in het zorg-vuldig overwogen verloop van een TGI-opleidingsprogramma.
TGI bevordert expliciet variëteit en diversiteit: staan voor je eigen uniciteit, ertoe doen en dit inbrengen en daarbij weten even be-langrijk te zijn als ieder ander en ook weer niet belangrijker.
In dit boek staat dus ook een verslag van verschillen. Verschillen omdat de maatschappelijke context waarin het TGI-systeem in

praktijk wordt gebracht (onderwijs, supervisie, intervisie, vergaderingen, management, pastoraal werk tot en met de genoemde doorkijk op een TGI-opleidingsprogramma) anders is. En ook verschillen in het belichten van dimensies van het TGI-systeem en omdat de een TGI anders begrijpt dan de ander. Deze diversiteit past bij TGI.

De basisteksten van Ruth Cohn verschenen bijna 25 jaar geleden in vertaling bij Uitgeverij Nelissen. Het belangrijke *Van psychoanalyse naar themagecentreerde interactie* is nog steeds verkrijgbaar. Het is tijd dat er eindelijk weer een boek verschijnt dat het bijzondere systeem van themagecentreerde interactie voor een breder publiek ontsluit. Want dat doen negen auteurs onder redactie van Jeroen Hendriksen en Arjan de Wit. *Het thema centraal* is een meervoudig verslag geworden van ervaringen uit de praktijk. Het maakt de lezer een intieme deelgenoot van de passie, maar vooral ook van de worsteling die begeleiders ervaren als waardevolle processen tot stand komen.

Het is aan de lezer om te beoordelen of de auteurs erin zijn geslaagd inzicht te geven in hoe je met TGI mensen op een organische manier werkelijk in beweging kunt brengen.

Dr. Ivo G.Ph. Callens
Centre for Generative Leadership
Utrecht, oktober 2003

Inleiding: TGI doet iets met mensen, mensen doen iets met TGI

Vertel me eerst eens wat TGI is?
Nou, dat is levend leren en je eigen leider zijn en storingen hebben voorrang...

Dat zegt me dus helemaal niets. En toch moet het iets bijzonders zijn, anders zouden jullie er geen boek aan wijden!
Tja, punt voor jou. Vroeger gaf ik altijd als antwoord op zo'n vraag: 'Je moet TGI eerst maar eens ervaren!'

Dan hoef ik het boek dus niet te kopen?!
Nee! *Vroeger* zei ik dat. TGI is een fantastische manier om met groepen te werken, echt te leren. Al die worstelingen lees je in dit boek, geen standaardverhalen over opleuken van het werken met groepen of met managers. Maar authentieke verhalen.

Dat zegt iedereen die iets nieuws wil verkopen. Oude wijn in nieuwe zakken zeker. Ik weet nu nog niets. Laten we het eens anders proberen. Noem mij eens drie selling points *van die TGI.*
Ik weet het: eigen leiderschap en dynamische balans en... en... Als je me zo voor het blok zet, kom ik er niet uit. Lees eerst dit boek maar eens.

Waarom dit boek?

Er is een groot gebrek aan actuele Nederlandstalige literatuur over themagecentreerde interactie. Wie voor het eerst met TGI in aanraking komt en zich verder in de materie wil verdiepen, merkt dat de boeken van Nederlandse auteurs niet meer te koop zijn. Bovendien zijn ze niet meer actueel of te academisch van aard. Herdrukken is daarom niet aan de orde. De leemte constateren is één ding, de verantwoordelijkheid nemen er iets aan te doen is een andere stap. We hebben voor de tweede stap gekozen. Omdat we het belangrijk vinden om u te laten lezen wat TGI in al haar facetten vandaag de dag kan betekenen, hebben we dit boek geschreven.

Gedurende de afgelopen 25 jaar is de wereld van organisatieontwikkeling, opleiding, training en consultancy danig geprofessionaliseerd. Opleidings- en trainingsbureaus zijn als paddestoelen uit de grond geschoten. Zij bieden hun diensten aan aan organisaties die hun medewerkers willen scholen en hun organisatie ontwikkelen. Waar TGI 25 jaar geleden vooral een ingang had in de veranderingsgezinde non-profitsector, dringt zij nu steeds meer door naar de bovenstroom van opleidingenland en organisatieontwikkeling, waar managementtrainingen en innovaties plaatsvinden. Juist over deze nieuwe toepassingsgebieden is in Nederland vrijwel niets in boekvorm verschenen. Wij hopen deze leemte te vullen met de eerste aanzetten in dit boek, zodat lezers zich uitgenodigd voelen om zelf met TGI aan de slag te gaan. Hoewel TGI werd ontwikkeld in de jaren zestig van de twintigste eeuw, blijken de door TGI gehanteerde begrippen uiterst actueel. Zelfsturing, participerend leiderschap, de dynamische balans in het leerproces, verantwoordelijkheid nemen voor je eigen situatie en 'storingen hebben voorrang' of weerstand, komen voort uit de TGI.

Veel opleiders/trainers zien weerstand tegenwoordig eerder positief als energie of als een uiting van betrokkenheid die kansen biedt om te leren, dan als iets negatiefs dat moet worden opgelost of genegeerd om het leerproces niet verder te verstoren. TGI blijkt met dit storingspostulaat, net als met de andere genoemde begrippen, haar tijd ver vooruit geweest.

Praktijkberichten

We maken u als lezer deelgenoot van een aantal ervaringen met TGI van praktijkmensen in hun specifieke werkcontext. De auteurs van deze bundel waren allen betrokken bij de diplomaopleiding van de jaargang 2000, de eerste TGI-diploma-opleiding in het Nederlandse taalgebied. Sommigen waren deelnemer aan die opleiding, enkelen opleider. Het niveau van de eindwerkstukken bracht ons op het idee om ze te publiceren en ze toegankelijk te maken voor een breder publiek. Deze bundel is een mengeling van bewerkte eindwerkstukken van de eerste TGI-diploma-opleiding en nieuw materiaal, al of niet eerder verschenen in het Tijdschrift voor Themagecentreerde Interactie.

We zien deze uitgave ook als jubileumboek, omdat TGI in 1978 werd geïntroduceerd. Het is dus ook een feestbundel ter gelegenheid van het 25-jarig bestaan van het Ruth Cohn Instituut voor Thema Gecentreerde Interactie in de Lage Landen, zoals de tegenwoordige naamgeving van de vereniging luidt.

Het boek is een momentopname van de praktijkervaringen van één bepaalde leergroep waarbij TGI niet in heel haar breedte met al haar aspecten uitputtend aan bod kan komen. Wij hebben TGI allemaal in ons werk toegepast en we zien de neerslag van onze ervaringen in dit boek als het begin van een reeks van nieuwe publicaties. We hebben bewust gekozen voor concrete beschrijvingen van de praktijk van TGI bij het leren in groepen, bij organisatieontwikkeling en in begeleideractiviteiten. Dat maakt dit boek geschikt voor algemeen gebruik, vooral voor de geïnteresseerde trainer, opleider/docent, adviseur en consultant, groepswerker/ pastoraal werker en manager.

We hebben het boek geschreven met Belgen en Nederlanders. Dat zult u proeven en voelen in de teksten, een andere cultuur heeft een andere taal. Waar mogelijk hebben we die eigen kleur ook in de teksten gehandhaafd. Wij danken in dit verband onze collega Erna Van Avondt die de Nederlandse teksten heeft gelezen op verstaanbaarheid in het Vlaams en ons heeft gewezen op andere cultuurverschillen die de begrijpelijkheid van de teksten in de weg zouden kunnen staan.

Leeswijzer

Het boek is als volgt opgezet. Eerst schetsen we een theoretisch kader, daarna volgen zeven berichten uit de praktijk. We ronden af met het opmaken van de balans. Daarin staat de vraag centraal waar we ons op dit moment met TGI in België en Nederland bevinden, wanneer we de praktijkberichten bezien vanuit een nieuw, op TGI georiënteerd kader.

Achter in het boek vindt u een aantal verwijzingen naar Nederlandstalige literatuur, een aantal interessante Duitstalige publicaties en de adressen van relevante internetsites. Uiteraard staat daar ook nog informatie over de vereniging van TGI in Nederland en België en over de opleidingsmogelijkheden.

In het eerste hoofdstuk schrijft Jeroen Hendriksen een inleiding over het ontstaan en de theoretische achtergronden van TGI. Wie is toch Ruth Cohn, wat is haar geschiedenis en op welke wijze heeft deze het ontstaan en de ontwikkeling van TGI als systeem van levend leren beïnvloed? Het thema van dit hoofdstuk is 'Levend leren als levensopgave', een theoretisch kader voor de praktijkberichten.

Het tweede hoofdstuk is getiteld 'Flow, schepping en ontwikkeling'. Marleen Vangrinsven laat ons zien waarom TGI, speelsheid en creativiteit zo nauw met elkaar verbonden zijn. Elk thema vraagt feitelijk om een creatieve aanpak, gebaseerd op een zich ontwikkelend eigen leiderschap van de deelnemers.

Het derde hoofdstuk, 'Oh, wat een zalige vergadering' van Marc Verschueren, doet verslag van het gebruik van TGI in overlegsituaties. We kunnen vergaderingen en dergelijke ook als leersituaties zien. Door thema's te formuleren kan een structuur worden gevonden waarin de betrokkenheid van deelnemers en het nemen van verantwoordelijkheid voor de situatie vergroten. Zo verzuchten deelnemers aan het eind van de vergadering instemmend: 'Oh wat een zalige............'

Hoofdstuk vier heet 'Wanneer al het bewuste is uitgesproken, kan het nieuwe binnenstromen'. Jeroen Hendriksen en Arjan de Wit beschrijven hun ervaringen in intervisie met een door hen ontwikkelde combinatie van de methode van Herbert Raguse en de aanpak die Ruth Cohn heeft beschreven in haar teksten over de overdrachtworkshop. Een must voor geoefende intervisiegroepen of voor teams die zichzelf willen scholen.

Paul Eylenbosch vertelt in hoofdstuk vijf, 'Kleine stappen in een verschuivend landschap', hoe hij voor een groep pastoraal werkenden een TGI-training heeft ontworpen. De doelstelling was elkaar te scholen voor het werken met vrijwilligers in het pastorale werk. Dat is niet van een leien dakje gegaan, zo blijkt uit zijn verslag, een bewust doorleefde vorm van levend leren.

Het zesde hoofdstuk gaat over leiderschap in organisaties. Ineke van de Braak zet uiteen hoe je een managementtraining kunt opzetten met behulp van TGI. Welke thema's zijn specifiek voor managers en op welke wijze kun je daar met TGI vorm en inhoud aan geven? Op welke wijze kunnen veranderingen in een organisatie worden ontwikkeld en gestuurd? TGI kan richting geven aan de manager; zie het teamanalyse-instrument.

In het zevende hoofdstuk over groepssupervisie op basis van TGI geeft Monique D'hertefelt verslag van haar ervaringen met 'het zoet en het zuur' van haar leren als groepssupervisor. Zij laat zien hoe het werken met TGI in groepssupervisie het wij-aspect van de groep beter tot zijn recht laat komen en hoe de supervisie zo een meerwaarde heeft voor de individuele leden van de groep.

In hoofdstuk acht, over competentiegericht leren in het onderwijs, beschrijft Theo Middelkoop hoe hij met behulp van TGI vernieuwingen als projectonderwijs en probleemgestuurd onderwijs beter afstemt op de competenties die de student moet leren. Zo bereidt een docent dus niet alleen voor op een toekomstige praktijk, maar hij werkt ook vanuit het hier en nu van de student. In het afsluitende hoofdstuk negen, 'Systeem aanbrengen in de verscheidenheid', beschouwt Phien Kuiper alle voorgaande bijdragen en zet ze in perspectief. De specifieke krachten van TGI bundelen zich in haar uitspraak 'TGI doet iets met mensen, waardoor mensen iets met TGI doen'. Integreren van persoon en taak, verbinden van inhoud en interactie leiden tot dynamisch balanceren op het scherp van de snede. Dat maakt TGI tot een actueel thema voor de toekomst.

We nodigen u van harte uit te reageren en we zijn erg benieuwd naar uw reacties. Om dat mogelijk te maken hebben we bij elk hoofdstuk de gegevens van de auteur(s) vermeld. In de bijlagen vindt u nog informatie over het Ruth Cohn Instituut, afdeling Lage Landen en het opleidings- en cursusaanbod.

We hopen dat dit boek een begin zal zijn van een grotere reeks die de lezer informeert over de ontwikkelingen en mogelijkheden van TGI.

Jeroen Hendriksen
Arjan de Wit
eindredacteuren

1 Levend leren als levensopgave: werken aan authentiek leiderschap

Jeroen Hendriksen

1.1 Inleiding

'Op een nacht droomde ik van een gelijkzijdige piramide', vertelt Ruth Cohn over het ontstaan van het beeld van de driehoek in de bol. 'Toen ik wakker werd, wist ik dat ik over de grondslag van mijn werk had gedroomd. De gelijkzijdige droompiramide betekende voor mij: vier punten bepalen mijn werk met groepen.' Droomde ik ook maar zo! Dan kwam ik misschien wat makkelijker tot het concept van dit hoofdstuk. Want ik heb mij voorgenomen een inleiding op de themagecentreerde interactie te schrijven. Zonder toeters en bellen, zonder mijn eigen ideeën en ervaringen te verwerken in de tekst. Dat doen de andere auteurs in de hoofdstukken die hierna volgen. Dit hoofdstuk gaat over levend leren zoals Ruth Cohn dat heeft ontwikkeld.
Ik schrijf een inleiding op de themagecentreerde interactie, die de kracht van deze werkwijze centraal stelt en een theoretische basis vormt voor het lezen en begrijpen van de teksten van mijn collega-auteurs. Niets meer en niets minder.

De themagecentreerde interactie (TGI) als systeem van 'levend leren' is sterk met de persoon Ruth Cohn verbonden. Ze noemde de TGI ook wel *living learning*, want ze zette zich in de jaren vijftig van de vorige eeuw af tegen de levenloze, statische manier waarop de leerstof - vooral cognitief - werd aangeboden. Cohn wilde een manier van leren ontwikkelen die motiverend, creatief en actief van aard was. Ze werkte in de jaren vijftig en zestig van de vorige eeuw in de Verenigde Staten aan een samenhangend concept dat uitdrukking gaf aan haar manier van leren en werken met groepen. Centraal daarin staat het thema dat individu, groep en taak verbindt. Bovendien wordt elk leerproces beïnvloed door de maatschappelijke werkelijkheid om ons heen: de globe. Daarmee heb ik de vier punten van de gelijkzijdige piramide uit de droom van Ruth Cohn benoemd, de vier polen waartussen het levend leren zich ontwikkelt: ik, wij, de taak (het 'het') en de globe. Deze vier polen van het leren worden gevat in de tekening van de driehoek en de bol (zie de figuur op pagina 26); in dit boek noemen wij die het *vier-factorenmodel*. Zij vormen de kern van TGI als methode. Omdat TGI is gebaseerd op universele waarden en grondregels (zie paragraaf 3) kun je van een pedagogisch systeem spreken.

Ruth Cohn heeft haar themagecentreerde interactie ontwikkeld op basis van ervaringen en voortdurende reflectie en onderzoek. Dit eerste, theoretische hoofdstuk vertelt de geschiedenis van Ruth Cohn in relatie tot het ontstaan van de themagecentreerde interactie en de kenmerken van dit opmerkelijke systeem om groepen te leiden en organisaties te ontwikkelen.

1.2 Levend leren

In 1979 zond de Duitse televisie een documentaire uit ter gelegenheid van een eredoctoraat dat de Universiteit van Hamburg wilde verlenen aan Ruth Cohn. Daarin is ze te zien als ongelooflijk dynamische 67-jarige kleine vrouw met een grote bos grijs haar. Haar woordenstroom is niet te stuiten, ze is flitsend, warm, humoristisch en politiek geëngageerd. Ze speelt steeds in op het nieuwe van een situatie. We zien haar praten met studenten over de bezetting van de universiteit en het publiek betrekken bij de uitreiking van het eredoctoraat, ze neemt de spelende kinderen in de zaal op in haar dankwoord. De documentaire geeft een beeld van een vrouw die een leven lang heeft gewerkt vanuit haar diepste overtuiging: levend (*living*) te kunnen leren. De geschiedenis van het ontstaan en de ontwikkeling van de themagecentreerde interactie loopt parallel met haar eigen ontwikkeling.

In 1933 vlucht Cohn, 21 jaar oud en van joodse ouders, van Berlijn naar Zwitserland. Daar studeert ze af in psychologie. Zij wijdt zich vervolgens aan de psychoanalyse en ze helpt joodse vluchtelingen. Ze ervaart psychoanalyse als een luxe, een privilege. Cohn vindt het absurd om als psychoanalytica acht patiënten per jaar te behandelen, waar de wereld ten onder gaat aan sadisme en massamoord. Toch ziet ze juist in de psychoanalyse de mogelijkheid om door de massahysterie heen te kijken. En ze vindt dat de psychoanalyse in staat zou moeten zijn om grotere groepen mensen te helpen. Cohns politieke overtuiging is gebaseerd op haar afschuw van nazi-Duitsland en haar gevoel van onmacht ten aanzien van de inzet van de psychoanalyse. Die worden haar drijfveren voor het zoeken naar nieuwe wegen in therapie, begeleiding en onderwijs (Cohn, 1979).

Cohn emigreert in 1941 naar de Verenigde Staten. Daar komt ze in aanraking met de gesloten wereld van medisch geschoolde Amerikaanse psychoanalytici. Ze sluit zich na de oorlog aan bij de National Psychological Association for Psychoanalysis. Die vereniging van niet-artsen die op psychoanalytische grondslag werken buiten het medische bolwerk is in 1948 opgericht door Theodor Reik, een leerling van Freud. Ze gaat scholingsprogramma's leiden. Ze heeft dan inmiddels kennisgemaakt met de zogenaamde *progressive education*, een analytisch georiënteerde pedagogiek die later mede de theoretische basis zal vormen voor de antiautoritaire opvoedingsbeweging. *Progressive education* stelt dat een kind tot zelfregulering in staat is, wanneer het niet autoritair is opgevoed. Het heeft dan een sterk en onafhankelijk ik en kan zich verzetten tegen overheersende autoriteiten, die hun gezag ontlenen aan niets anders dan macht. Met *progressive education* leren kinderen vroegtijdig de vormen van dwang te herkennen die hun worden opgelegd.

Cohn leert van de *progressive education* levend te leren en vrij van wedijver, onnodige remmingen of dwang te zijn. Dat heeft tot gevolg dat zij bij haar scholingsworkshops de gemakkelijke stoel van de leider/deskundige verlaat en hem inruilt voor een klein hard stoeltje in de kring van deelnemers. Ze experimenteert binnen deze meer gelijkwaardige setting met het centraal stellen van ervaringen van de cursisten.

Een volgende fase in haar ontwikkeling zien we ontstaan tijdens haar scholingsactiviteiten voor psychotherapeuten in opleiding, waarvoor zij haar zogenaamde tegenoverdrachtsworkshops opzet. In de opleiding van therapeuten spelen begrippen als overdracht en tegenoverdracht een grote rol. Patiënten/cliënten kunnen gevoelens van vroeger op de therapeut projecteren (dit heet overdracht), maar ook therapeuten kunnen hun vroegere onverwerkte ervaringen op patiënten projecteren; dat noemen we tegenoverdracht. Waar overdracht van de patiënt positief kan bijdragen aan de therapie, doet tegenoverdracht dat veel minder. De therapeut moet daarom inzicht hebben in zijn eigen tegenoverdracht om de patiënt daarmee niet te belasten.

In de jaren vijftig van de vorige eeuw leidt Cohn workshops, waarbij zij als eerste professionele therapeut haar eigen gevoelens van tegenoverdracht aan een groep therapeuten-in-opleiding voorlegt. Dat is uiterst ongebruikelijk in die tijd! De groep raakt zeer betrokken bij het ontrafelen van het probleem dat hun supervisor inbrengt. Er is een thema, een participerende leider en een sterk betrokken groep, op zoek naar een oplossing voor de casuïstiek die Cohn aanreikt. Cohn kenschetst deze workshops later als de doorbraak naar de themagecentreerde interactie (Cohn-Farau, 1995-2).

Cohn is dan leider én deelnemer. Ze wordt zichtbaar in de groep (transparant noemen we dat tegenwoordig) en ze is daarmee geen veraf-neutrale supervisor meer, maar een existentieel deelnemende en structurerende leider (Cohn, 1975).

Door deze onorthodoxe werkwijze ontdekt ze dat problemen van buiten de groep zich ook voordoen in de groep zelf en dat in het groepsproces steeds datgene centraal staat wat de groep op dat moment bezighoudt. Met andere woorden, ze ontdekt hoezeer het actueel levende thema in de groep centraal staat.

In deze periode raakt ze ook beïnvloed door de filosofie van Husserl en Heidegger. Deze filosofen benadrukken dat de mens voortdurend zoekt naar de zin van het leven, van nature respect heeft voor het leven van zichzelf en van anderen en in eigen kracht en creativiteit gelooft. Deze filosofen accepteren de mens zoals hij is en een belangrijk uitgangspunt voor Cohn wordt de gelijkwaardigheid van mensen.

Cohn werkt dan relatief geïsoleerd van andere Amerikaanse ontwikkelingen op het gebied van groepstrainingen en groepstherapie. Het is voor haar een even verbazingwekkende als vreugdevolle ontdekking wanneer zij aan het begin van de jaren zestig merkt dat elders in haar nieuwe vaderland vergelijkbare methoden zijn ontwikkeld. Ze maakt kennis met mensen als Perls, Rogers, Bennis en Satir. (Cohn/Farau, 1995-2)

Pas in de tweede helft van de jaren zestig worden deze methoden breder bekend en dringen ze ook door tot Europa als experimentele of humanistische psychologie. Cohn beschrijft dan het systeem van de themagecentreerde interactie. Bij de ontwikkeling daarvan spelen zowel een waardegebonden kijk op de mens en de wereld een rol alsmede methodisch-didactische aanwijzingen (naar Callens, 1983). Cohn formuleert haar overtuigingen, waarden en normen die zij als uitgangspunten hanteert voor haar pedagogisch systeem, in axioma's: als niet wetenschappelijk te bewijzen stellingen die onbetwistbare waarheden zijn (op het niveau van visie op mens en wereld).

- **De mens is autonoom en interdependent**
  (het existentieel-antropologische axioma)
  We zijn beter in staat zelfstandig keuzes te maken onder eigen verantwoordelijkheid (autonomie) naarmate we de verbondenheid (interdependentie) met de wereld en met de ander bewuster beleven.

- **Eerbied voor al wat leeft en groeit**
  (het ethisch-sociale axioma)
  We dienen respect te hebben voor groei en ontwikkeling en dit gegeven dient onze besluiten te leiden.

- **Vrij beslissen binnen grenzen die te verruimen zijn**
  (het pragmatisch-politieke axioma)[1]
  Cohn gaat uit van vrijheid in gebondenheid. Onze maatschappelijke en persoonlijke omstandigheden bepalen hoe vrij we zijn om te kiezen. We worden steeds uitgedaagd gegeven grenzen te verruimen. Cohn stelt dat 'het bewustzijn van onze universele interdependentie de basis is van onze verantwoordelijkheid als mens' (1979).

---

1 pragmatisch in de zin van praktijkgerelateerd en waardebetrokken.

1.3 Thema en interactie in balans

De autonomie van ieder groepslid reguleert de leerbalans. Je neemt verantwoordelijkheid in onderlinge verbondenheid met de leden van de groep. Cohn vertaalt haar axioma van autonomie en interdependentie in haar eerste postulaat (grondregel):

WEES JE EIGEN LEIDER

'Wees je eigen leider, wees de verantwoordelijke leider van je eigen zelf in deze groep. Zeg iets of zeg niets, net waar je het zelf als juist en belangrijk ziet. Geef aan anderen wat voor jou belangrijk is om te geven. Probeer te ontvangen, te nemen, wat belangrijk is met betrekking tot ons thema. Bekijk je thema vanuit je eigen standpunt. Als je je niet aan het thema kunt houden en iets anders wel belangrijk voor je is, zeg het. Ik zal hetzelfde doen.' (Cohn, 1979)

Begeleider en deelnemer zijn beiden eigen leider en beiden verantwoordelijk voor het eigen gedrag. De waarde die Cohn aan dit postulaat hecht, hangt nauw samen met de gedachte dat bewust eigen leiderschap, gebaseerd op de geformuleerde axioma's, kan voorkomen dat dictatoriale leiders ons opnieuw zullen overheersen.

Werken aan weerstand gaat vooraf aan het werken aan de inhoud, is een van de uitspraken van Cohn. Niet alleen sterke weerstanden zoals overdracht of projectie gaan voor, maar ook allerlei kleine schijnbaar onbetekenende zaken als dat je slecht hebt geslapen, ruzie hebt, afgeleid bent door het mooie weer, een vervelend gesprek moet voeren, dat er een cursist is die te veel aandacht trekt, hoofdpijn, een thema dat niet pakt, noem maar op. Ook leuke dingen kunnen in de weg zitten! Een storing in hoofd of lijf betekent dat je niet leert en dat je je motivatie voor en concentratie op het leren kwijtraakt. Dus meld je storing!
Cohn noemt deze grondregel haar tweede postulaat:

STORINGEN HEBBEN VOORRANG

'Storingen, spanningen en intense gevoelens hebben voorrang. Ze hebben voorrang wanneer je, ook al wil je het nog zo graag, niet

in staat bent te volgen wat er in de groep gaande is, wanneer je je verveelt, gespannen of verstrooid bent, of ook wanneer je juist geen zin hebt. Zeg het in dat geval, alsjeblieft. Daarmee kun je jezelf helpen om dat wat je bezighoudt de baas te worden. En je helpt de groep om weer aansluiting met jou te vinden. Het is onmogelijk diepe smart en intense vreugde te onderdrukken, wanneer het meedelen ervan voor jou erg belangrijk is.' (Cohn, 1979)

Als de weg wordt versperd door een grote steen, kun je van alles ondernemen om erlangs te komen of eroverheen te klimmen. Een ding kun je niet, net doen of die steen er niet ligt. Cohn gebruikt dat beeld om aan te geven dat er vele weerstanden kunnen zijn die verhinderen dat iemand deelneemt aan het leerproces. Levend leren is niet mogelijk zonder de erkenning van de waarde en de kracht van aanwezige storingen. Storingen kun je productief maken voor een zo dynamisch mogelijk proces van samen leren.

1.4 Het vier-factorenmodel

Cohn heeft langdurig geobserveerd wat er op interactiegebied in haar groepen plaatsvond. Ze heeft daarbij een aantal ik-gebonden vragen waargenomen. Tevens zag ze dat deze deze persoonlijke vraagstellingen als zij eenmaal zijn ingebracht in de groep, vragen van de hele groep kunnen worden en dus tot een actueel en levend groepsthema kunnen uitgroeien.
Andersom kan een groepsthema leiden tot zeer individueel uitgewerkte persoonlijke thema's.
Een belangrijke constatering van Cohn is dat in leerprocessen geen sprake kan zijn van vrijblijvend leren zonder doelstellingen, maar juist van taakgebonden thema's. We leren op procesmatige wijze binnen een context van opdrachten, doelstellingen en taken. De taak (het *het*), de groep (het *wij*), het individu (*ik*) en de globe (de maatschappelijke context) bepalen samen de dynamiek van het leerproces. Deze vier factoren vormen samen het *vier-factorenmodel*.
Wat de deelnemers aan een groep leren, bundelt zich als het ware in het centraal staande thema. De vier factoren met als bindend element het gezamenlijke thema is volgens Cohn in een *dy-*

namische balans: er is nooit een statisch evenwicht in het leerproces van een groep. De groep zoekt altijd, is steeds aan het formuleren, cirkelt rond een thema met soms het accent op de ikken in de groep, dan op de groepsleden of op de taak of de globe.
'To balance the never-balanced' is een onmogelijke opgave, maar misschien wel de grootste uitdaging die de TGI ons voorhoudt (Langmaack, 1996/3).

Het vierde element uit het vier-factorenmodel mag zeker niet onbesproken blijven. Als geen ander ziet Cohn de invloed van de maatschappij om ons heen op het leren: de invloed van de globe. Haar geschiedenis heeft hier zeker invloed op gehad, de wereld om ons heen is altijd aanwezig. Soms versluierd, soms vergeten of genegeerd, vaak ook heel helder en beïnvloedend. Leren vanuit een bedrijfscontext is er een voorbeeld van. Ook de plek waar je leert, de besteedbare tijd, het nieuws van de dag, de werksituatie en de beleving daarvan zijn elementen van de globe. Cohn heeft dit verduidelijkt met het voorbeeld van de moord op president Kennedy op de dag voor zij zelf een workshop leidde (Cohn/ Farau, 1995-2).

Ik vroeg bij de aanvang van de bijeenkomst om stilte. Na twee minuten liet ik de gevoelens hier-en-nu bewust worden. Opnieuw na enkele minuten nodigde ik allen uit over de moord na te denken, wat was voor ieder van ons de betekenis ervan, zowel persoonlijk als in onze historische situatie. Daarna formuleerde ik het thema van de bijeenkomst: Hoe kunnen wij deze ervaring verbinden met ons thema: trainen van het omgaan met gevoelens?

Cohn geeft duidelijk aan dat het verbinden van globe-invloeden aan het actuele thema niet alleen opgaat voor extreme situaties (zoals de moord op Kennedy), maar juist voor veel startsituaties van groepen. Met haar oefening van 'het drievoudig zwijgen' geeft zij iedereen de gelegenheid de inwerking van globefactoren ruimte te geven in relatie tot het thema, al dan niet met een herformulering van dat thema.

De oefening van het drievoudig zwijgen.

1 het concentreren van de gedachten op het gegeven thema

2 het concentreren op hier-en-nu gevoelens en ervaringen in deze groep

3 het concentreren op de taak.

Al naar gelang de omstandigheden kan de begeleider de volgorde en de intentie van de stappen aanpassen.

De begeleider heeft een dubbele bewakingsopdracht, aldus Cohn. Hij dient de interactiedriehoek (ik-wij-het) en tegelijkertijd de globe (tijd, ruimte, omgeving) te bewaken.

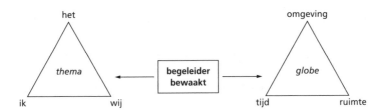

1.5 De themaformulering

De axioma's zorgen ervoor dat we themagecentreerde interactie als een samenhangend systeem van pedagogische waarden kunnen zien. De postulaten zijn samen met het dynamische vier-factorenmodel te waarderen als de grondslagen voor de methodiek van de themagecentreerde interactie. Als ondersteuning daarvan benadrukt Cohn een aantal belangrijke regels voor het formuleren van het thema en voor een goede interactie. De regels voor het formuleren van een thema zijn:

- Het thema moet niet zo eng zijn dat het te weinig ruimte laat voor associaties en niet zo ruim dat het tot het oneindige voert. Zoals alle structuren moet het vrijheid en gebondenheid aanbieden.
- Het thema moet concreet genoeg zijn om beelden en gedachten te stimuleren, maar niet zo scherp afgebakend dat het nieuwe perspectieven uitsluit.
- Het thema moet kort en helder geformuleerd worden, zodat het gemakkelijk in het geheugen blijft hangen, maar niet zo gewoon zijn dat het verveelt.
- Het thema moet de belangstelling van alle deelnemers kunnen omvatten en, wanneer mogelijk, dat kunnen overstijgen.
- Het thema moet als wegwijzer fungeren naar taak en doelstellingen.
- Het thema moet ertoe dienen belangstelling, kennis en ervaringen met elkaar te combineren.
- Het thema moet zo worden geformuleerd dat je er constructief op kunt doordenken.

Thema's kunnen de algemene thematiek van een bijeenkomst/training dekken, bijvoorbeeld: apartheid, conflicten, samenleven, integratie (Cohn, 1989/3). In haar boek *Es geht uns ums Anteilnehmen* beschrijft Cohn een training waarbij ze de groep achtereenvolgens splitst in huisbewoners en gasten, witten en zwarten, vrouwen en mannen, christenen en joden. Daarnaast is er sprake van een thema per sessie van ongeveer anderhalf à twee uur en dat thema dient aan de bovenstaande criteria te voldoen. Het subthema van de genoemde workshop formuleerde Cohn confronte-

rend, concreet en actueel als: Hoe beleef ik het om in deze groep
te zijn, gescheiden van anderen?

Behalve een overkoepelend thema en een subthema waaraan een
groep werkt, kan er ook sprake zijn van een informeel of *verborgen*
thema. Michaël Ziemans stelt in zijn artikel over verborgen thema's (Zeitschrift für Themenzentrierten Interaktion, 1/2003) dat
iedere leergroep verborgen thema's kent en dat dit ook voor de
begeleiders zelf geldt. Verborgen thema's kan men expliciet maken en thematiseren (bijvoorbeeld: 'Wij zijn naar deze training
gestuurd, maar hebben er geen zin in of, als het gaat om begeleiders: 'Ik voel er niet veel voor om met jou deze groep te begeleiden'). Structuren, groepsrituelen, rol en beeld van de begelei-
der(s), de maatschappelijke context, weerstand tegen het thema
of de groepssamenstelling kunnen allemaal tot verborgen thema's
leiden die via storingen maar ook via een crisis kunnen worden
geuit.

1.6 De hulpregels

De hulpregels van Cohn vormen geen dwingend kader. Ze kunnen flexibel worden toegepast in een groep. Wie ze star toepast,
haalt het levende uit het leren en uit de interactie van de groep.
De hulpregels waren in de jaren zestig van de vorige eeuw nieu-
wer en minder vanzelfsprekend dan vandaag de dag. Vele regels
zijn in trainings- en opleidingsland langzamerhand gemeengoed
geworden. De belangrijkste zijn:

- Vertegenwoordig jezelf in wat je zegt; spreek met 'ik' en niet
  met 'je' en 'men' of 'wij'.
- Als je een vraag stelt, zeg dan waarom je die stelt en wat die
  vraag voor jou betekent. Verklaar jezelf en voorkom de on-
  dervraging.
- Wees authentiek en selectief in je communicatie. Laat tot je
  doordringen wat je denkt en voelt en wees selectief in wat je
  zegt en doet.
- Onthoud je zolang mogelijk van het geven van interpretaties ten aanzien van anderen. Deel in plaats daarvan jouw reactie mee.
- Wees voorzichtig met generalisaties.

In de praktijk van de themagecentreerde interactie speelt de regel van de *selectieve authenticiteit* een belangrijke rol. Die houdt in dat leider en deelnemer open, eerlijk en echt zijn, zonder dat ze altijd alles zeggen. Ze beslissen zelf wanneer, wat en hoe ze iets zeggen. Selectiviteit betekent in dezen inschatten wat kan en wat niet kan en timen. Dat is verantwoording nemen voor jezelf en voor de ander.

1.7 Afronding

Het lijkt er misschien op dat de ontwikkeling van de themagecentreerde interactie in de jaren zestig en zeventig in de Verenigde Staten heeft plaatsgevonden. In die periode zijn de grondslagen van de TGI inderdaad uitgewerkt en het is ook de tijd waarin Ruth Cohn haar belangrijkste publicaties schreef. Ze gaf overigens op de vraag waarom ze geen boeken heeft geschreven maar louter losse teksten het antwoord, dat ze als werkende moeder, echtgenote, huisvrouw, therapeut enzovoort geen tijd had voor het schrijven van boeken, want er moest ook brood op de plank komen! Later, terug in Hasliberg in Zwitserland (1974), nam ze tijd om het werk van haar overleden vriend Alfred Farau aan te vullen met haar eigen, deels autobiografische geschriften (Cohn 1989-1995/2).

Het Duitstalige deel van Europa is momenteel de bakermat voor ontwikkeling en beschrijving van TGI, maar ook landen als Nederland, België, Luxemburg, Polen en Hongarije spelen hun rol. In 1966 heeft Cohn met enkele collega's van het eerste uur het Workshop Institute For Living Learning (WILL) in New York opgericht, dat de over de hele wereld actieve TGI-afdelingen coördineerde. Inmiddels is het hoofdkwartier van WILL verhuisd naar Basel, Zwitserland, en is de naam WILL gewijzigd in het Ruth Cohn Institute for TCI-international[2]. Het huidige Ruth Cohn Instituut vormt een overkoepelende organisatie voor de met name in Europa actieve afdelingen (regio's en vakgroepen) die zich bezighouden met de ontwikkeling en verspreiding van de TGI (zie bijlag 2).

---

2   TCI betekent: theme-centered interaction.

Welaan, lezer, ik heb mijn inleiding op TGI schrijven afgerond. Ik ben niet helemaal tevreden. Graag had ik geschreven over mijn eigen ervaringen met TGI, over wat voor mij persoonlijk de kracht van het systeem of de methode is en waarmee ik tob en puzzel, hoe ik leer en ontwikkel. Ook had ik graag geschreven over de actuele betekenis van TGI in het Nederlandstalig gebied, maar ook internationaal. Gelukkig voel ik mij gesterkt in de gedachte dat vele collega's dit in de komende hoofdstukken zullen doen.

Bijvoorbeeld:

- *Marleen Vangrinsven, Marc Verschueren en Ineke van den Braak over het werken met het vier-factorenmodel in de hoofdstukken 2, 3 en 6*
- *Marleen Vangrinsven (hoofdstuk 2) en Paul Eylenbosch (hoofdstuk 5) over het werken met thema's binnen leergroepen over overdracht en tegenoverdracht. Over het vrije associëren bij intervisie leest u de ervaringen van Arjan de Wit en mijzelf (hoofdstuk 4)*
- *Monique D'hertefeldt (hoofdstuk 7), Ineke van den Braak en Marleen Vangrinsven over participerend leiderschap en transparantie*
- *Theo Middelkoop (hoofdstuk 8) en Ineke van den Braak en Marc Verschueren over TGI in organisaties*
- *Phien Kuiper (hoofdstuk 9) over de dynamische balans van TGI in de verschillende hoofdstukken en in de werkelijke praktijk.*

Ik hoop dat ik de basis van de TGI en de grondgedachten van Ruth Cohn helder genoeg heb geschetst en dat ik uw nieuwsgierigheid naar de praktische uitwerking van TGI in het begeleiden van leergroepen en het vernieuwen van organisaties heb aangewakkerd. Stap nu gerust over naar onze praktijkberichten!

Literatuur

Callens, Ivo. *Het concept levend leren*. VU Boekhandel, Amsterdam, 1983 (proefschrift, niet meer verkrijgbaar)

Cohn, Ruth C. *Van psychoanalyse naar themagecentreerde interactie*. Bouwstenen voor een pedagogisch systeem voor onderwijs, vorming en hulpverlening. Nelissen, Soest, 1998/5.

Cohn, Ruth C. *Es geht um Anteilnehemen*. Herder Spektrum, Freiburg, 1993/3.

Cohn, Ruth C./Alfred Farau. *Gelebte Geschichte der Psychotherapie*. Zwei Perspektiven. Klett-Cotta, Stuttgart, 1995/2.

Hendriksen, Jeroen. *Levend leren*. Theorie en praktijk van themagecentreerde interactie. Studiecentrumboek, De Horstink, Amersfoort, 1982 (niet meer verkrijgbaar)

Kuebel, Mary Anne (ed.). *Living Learning*. A reader in theme-centered interaction. Media House Delhi, 2002.

Langmaack, Barbara. *Themenzentrierten Interaktion*. Einführende Texte rund ums Dreieck. Beltz Taschenbuch, Basel, 1996/3.

Tijdschrift voor Themagecentreerde Interactie. Ruth Cohn Instituut voor TGI, Lage Landen. Valkenburg a/d Geul.

Ziemons, Michael. *Der Rumpelstilchen-Effekt*. Informelle Themen, heimliche Lehrpläne. Zeitschrift für Themenzentrierten Interaktion, Matthias-Grünewald, Mainz, 2003/1.

Jeroen Hendriksen (1945), sociaal pedagoog, coach, TGI-diploma. Partner bij de Associatie voor Coaching te Aarle-Rixtel. Actief met o.a. intervisie-trainingen en opleidingen voor trainers, managers en personal coaches. Managementservaring opgedaan als directeur in het middelbaar beroeps-onderwijs en als directeur van de Academie voor Haptonomie. Auteur van boeken over intervisie, collegiale consultatie en ondersteuning van leer-processen.

'Als trainer vind ik de kracht van TGI vooral terug in de aandacht voor de dynamische balans van het leren in groepen. Dat is een eye-opener voor trainers en consultants en een rijke bron voor deelnemers.'

j.a.phendriksen@freeler.nl

www.jeroenhendriksen.nl

Tel. 0031-6-20399366

2 Flow, schepping en ontdekking: creatieve werkvormen in TGI-programma's

Marleen Vangrinsven

2.1 Inleiding

'Flow, schepping en ontdekking... creatieve werkvormen in TGI', is de titel van de cursus die ik als TGI-opleider aanbied. De term 'flow' ontleen ik aan Mihaly Csikszentmihalyi die een reeks boeken over creativiteit heeft geschreven. In zijn bestseller *Creativiteit - over flow, schepping en ontdekking* (Csikszentmihalyi, 1998) definieert hij flow als een toestand van optimale ervaring, waarin we diep geconcentreerd zijn en intens genieten. Zijn studies van creatieve mensen laten zien dat we vooral veel inzet en inspanning opbrengen voor bezigheden die een uitdaging betekenen en waarbij we ons aan de grenzen van ons kunnen moeten bewegen. Dat betekent dat we niet altijd in de eerste plaats worden gedreven door het zoeken naar maximaal genot, zoals vooral in de economie wordt verondersteld. Optimale ervaring ontstaat wanneer we proberen iets tot stand te brengen wat we als zinvol beleven.

'Flow, schepping en ontdekking' wordt in de TGI-brochure regelmatig als basismethodencursus aangeboden. Het is een cursus creatieve werkvormen. Bij de uitvoering ervan is mij meer dan eens opgevallen dat de deelnemers gaande de week uitermate creatief en vindingrijk werden. Tegelijkertijd nam ieders persoonlijk leiderschap met rasse schreden toe. De deelnemers maakten keuzes en bleken creatiever en stoutmoediger dan voordien.

Ik wil in dit hoofdstuk momenten uit een vijfdaagse cursus beschrijven. Hoe kan ik vanuit de positie van begeleider meer zicht krijgen op de ontwikkeling van creativiteit en van leiderschap in mijn groep of in mijn team en welke rol spelen mijn interventies daarbij?

2.2 Mijn voorbereiding: tussen dief en moordenaar

Op grond van de ondertitel 'Creatieve werkvormen in TGI-programma's' vermoed ik dat de deelnemers verwachtingsvol zullen uitkijken naar de creatieve toolkit van mij als begeleider. Zelf ben ik er echter eerder op uit te stimuleren dat ieder zijn eigen creatieve bron aanboort en met een ander in flow komt. Op die manier doet ieder van daaruit vondsten die vaak veel passender zijn voor de eigen doelgroepen en zeker meer authentiek en passend bij de eigen stijl. In de cursustekst staat dit zo omschreven: 'Een goede keuze van werkvormen en structuren bevordert het leren van individuen en stimuleert groepen en teams een volgende stap in de ontwikkeling te zetten. In deze cursus krijgen deelnemers de kans de eigen creatieve bronnen op te sporen en de effecten van nieuwe werkvormen te ervaren...'

De cursus staat ook als basismethodencursus in de themagecentreerde interactie aangekondigd. In mijn opvatting als TGI-opleider betekent dit dat de deelnemers kennismaken met de TGI-methodiek van werken en dat het TGI-systeem als zodanig mede de inhoud van de cursus zal zijn. De postulaten met het eigen leiderschap en de storingsregel zullen aan de orde komen evenals het vier-factorenmodel en het werkprincipe van het dynamisch balanceren. Ik zal ook met plezier iets vertellen over de ontstaansgeschiedenis van TGI en over het klimaat waarin Ruth Cohn haar systeem ontwikkelde. Vrij centraal zal ik de themakeuze en structureringen plaatsen, omdat die rechtstreeks te maken hebben met het thema van deze cursus over creatieve werkvormen.

Graag zie ik de deelnemers zelf creatief worden. Daartoe is het nodig dat ze zich op hun gemak voelen en zich veilig genoeg voelen om vrij te kunnen experimenteren en risico's te durven nemen. Wellicht kan ik model staan en de toon zetten door dat ook te doen. En omdat een zekere mate van frustratie helpt om risico's te

nemen en stappen te zetten die je anders niet makkelijk zet, zal ik
de deelnemers minder tegemoetkomen. Ik zal dus terughouden-
der zijn dan ik gewend ben; dat neem ik me voor. Ik denk daarbij
aan de beroemde uitspraak van Ruth Cohn dat het erop aankomt
als begeleider dief noch moordenaar te zijn. Als ik als begeleider
de deelnemers onthoud waar ze recht op hebben, ben ik een dief.
Als ik te veel doe voor de deelnemers terwijl ze dat eigenlijk zelf
kunnen doen, ben ik een moordenaar. Wil je het leiderschap bij
de ander bevorderen, dan moet je niet te veel verantwoordelijkheid overnemen en je moet ook weer niet te veel overlaten wanneer die ander nog niet in staat is verantwoordelijkheid te nemen.
In mijn cursus betekent dit zodanig programmeren dat de deelnemers zich op het scherp van de snede aangesproken, getroffen,
uitgedaagd en bemoedigd voelen. Ik sta als begeleider alleen voor
de groep en neem me voor genoeg afstand te houden van de
groep en me niet te laten betrekken in hun proces. De deelnemers
kunnen zich dan vrijer voelen en hoeven minder in loyaliteits-
problematiek met mij als begeleider terecht te komen. Zij kunnen
mij als projectiescherm gebruiken en zo hun afhankelijkheidsthe-
ma's met autoriteiten onderzoeken. Tenslotte zijn ze straks zelf
weer die autoriteit die voor de groep staat.

2.3 Aan het werk

Laat ik eerst iets over de deelnemers en hun achtergronden vertellen. De context waaruit zij komen, bepaalt rechtstreeks mee
welke thema's aan de orde komen en hoe ik ze zal formuleren. Er
zijn tien deelnemers, vijf mannen en vijf vrouwen, in de leeftijd
van 25 tot en met 54 jaar oud. Hun beroepen variëren van een ju-
riste die vaardigheidstrainingen geeft aan advocaten, een seksuo-
loge met privé-praktijk waarin ze groepen begeleidt, een drama-
docent die aan verpleegkundigen lesgeeft, een psycholoog en een
bioloog die beiden ondernemingsraden trainen, een klinisch psycholoog die op een Riagg werkt en ouderen in een groep begeleiding geeft en nog twee deelnemers die zelfstandig ondernemer
zijn en bedrijfstrainingen geven. Nederlanders en Belgen, allen
hoog opgeleid, een aantal deelnemers heeft kinderen thuis en een
gezin, een aantal leeft alleen of samen met een partner.
De context, de achtergronden van de deelnemers en dat wat ik
daarvan weet, zullen mij beïnvloeden in de bepaling en de for-

muleringen van de thema's die ik kies. Dit is de reden dat we het programma van TGI-cursussen voortdurend al doende ontwikkelen en niet van tevoren een kant-en-klaar programma kunnen uitschrijven.

Elke sessie opnieuw stuur ik bij op grond van de gegevens die ik krijg van de individuele deelnemers, de groep als geheel, de omgevingscontext, van het conferentieoord waar we verblijven en het weer, tot en met wat het nieuws brengt en het thema van de week waarop we met elkaar hebben ingetekend. Het zijn de vier factoren waarmee ik als op een kompas zal varen en de koers kan bepalen. Telkens weer opnieuw invulbaar, interpreteerbaar. Als begeleider maak ik keuzes en creëer ik leersituaties. Ik bereid een sessie voor die ongeveer anderhalf uur duurt, ik formuleer een thema en bedenk een passende structuur. Na elke sessie begint mijn werk weer opnieuw. Met het vier-factorenmodel bepaal ik de koers, ik evalueer hoe het was, kijk terug en vooruit en ik pas het volgende thema en de structuur aan, ik wijzig of bepaal dat het goed was wat ik op een eerder moment had bedacht. In een TGI-cursusweek is er een ruime middagpauze. Die geeft mij tijd om de rest van de dag te overzien en langer te puzzelen op de juiste formuleringen of mooiere werkvormen. En soms blijkt dat juist onder meer tijdsdruk, bijvoorbeeld in een kwartier koffiepauze tussen twee sessies in, ook prachtige thema's worden geboren die ten nauwste aansluiten op wat voor de deelnemers nodig is om een stap verder te zetten in hun ontwikkeling.

2.3.1 Het thema bevordert rechtstreeks creativiteit en leiderschap

Het TGI-thema kan zo geformuleerd zijn dat het uitdaagt en bemoedigt. Gecombineerd met de gekozen structuur waarmee we aan het thema werken, kan dit verrassend zijn en zonder veel omhaal van woorden mensen op een ander been zetten en buiten de getreden paden laten gaan. Hierin uit zich het vakmanschap en de creativiteit van de TGI-begeleider.

Een TGI-geformuleerd thema is in zichzelf structurerend, het geeft richting en tegelijkertijd ruimte om zelf te kunnen bepalen. De dynamiek van een tegenstelling in de formulering prikkelt de deelnemers om de complexiteit van het aangekaarte thema te onderzoeken en niet op een enkelvoudig niveau te blijven steken. Het gaat erom respect te hebben voor de complexiteit waarmee je te maken hebt en om de complexiteit niet door oversimplificatie te ontkennen (zie ook Robertson, 2003).

Met TGI beogen wij bij de deelnemer een drieslagleren te bewerkstelligen waardoor zijn leiderschap kan toenemen. Drieslagleren (Swieringa en Wierdsma, 1990) doet een appèl op willen, durven en zijn en leidt tot ontwikkeling. Een goed gekozen en geformuleerd thema stimuleert deelnemers om uit te spreken wat zij willen en wat zij nodig hebben. De structuur van werken die wij erbij kiezen, is in die zin ook ondersteunend. Zo kent bijvoorbeeld een spannend thema een veilige structuur van werken in kleine subgroepjes. Of bij een wat abstract thema kan de structuur zijn: kies iemand uit de groep van wie je vermoedt dat hij heel anders tegen deze zaak aankijkt dan jij. Het is de kunst om zorgvuldig na te denken over structuren: niet te veel structureren en evenmin te weinig, volgens Cohn zijn beide even destructief (Cohn, 1997).

In de cursus luidt een van de eerste thema's, na een welkomstwoord en bekendmaking van de structuur van de week en van de dag: 'Ik presenteer me aan jullie op creatieve wijze en jullie geven mij je associaties daarbij.'

In de werkruimte ligt een keur aan voorwerpen, boeken, dichtbundels, kunstboeken, verkleedkleren, verf, krijtjes, klei en snuisterijen. Er staat een uitbundige bos zonnebloemen in het midden, kortom, de concrete context ligt vol creatieve middelen en ziet er uitnodigend uit. Misschien belooft dit alles veel en komt het daarmee aan gespannen verwachtingen tegemoet.

Dit thema lijkt mij passend voor deze ervaren mensen uit de praktijk, die zichzelf heel vaak moeten voorstellen in de groepen waarmee zij werken. Zo gaan we direct met het weekthema aan de slag: meteen risico nemen zonder enige vertrouwdheid met de groep en de omgeving en laten zien wat je onder creativiteit verstaat en hoe creatief je jezelf vindt. Daar bovenop geven we elkaar ook nog feedback, dus meteen lik op stuk!

2.3.2 Het effect

Het thema van deze vijfdaagse cursus doet vermoeden dat we veel zullen leren over creatieve werkvormen. Hier speel ik direct op in door een thema te kiezen dat een appèl doet op de eigen creativiteit van de deelnemers. Hoe sterk en waarmee durft iemand in een relatief vreemde groep tevoorschijn te komen met wie hij is en wat hij kan? Zonder te weten wat hier de norm is? Risicovol en spannend, de deelnemer plaatst zichzelf in een conflictueuze situatie. Zijn innerlijke dialoog zou als volgt kunnen klinken: 'Hoe leid ik mezelf in deze situatie? Kom ik niet te blasé, te arrogant over als ik doe waartoe ik me intuïtief voel aangetrokken? Is het niet te oppervlakkig, te onnozel of te kinderachtig? Zegt het mogelijk meer over mijzelf dan ik eigenlijk nu al kwijt wil? Op creatieve wijze, beeldend met woord of verf of dramatisch vormgegeven, luidt de opdracht. Ik kan dus tekst noch uitleg geven bij wat ik ga presenteren. Hoe valt die creatieve wijze eigenlijk te begrijpen? Zullen ze mij creatief genoeg vinden? Ben ik wel creatief?'

De deelnemers maken keuzes, ze verzamelen moed en ze riskeren zichzelf voor de eerste keer en wagen het erop, waarmee hun profileren vorm aanneemt.

De rol van de begeleider is die van het participerend leiderschap. Als begeleider neem ik zelf deel aan het proces, ik breng mijzelf met mijn eigen ervaringen in en sta daarmee soms model voor de groep. Tegelijkertijd blijf ik de leider van de groep met alle verantwoordelijkheid die daarbij hoort. Dit betekent dat ik voortdurend selecteer: dat wat goed en bevorderlijk is voor de groep, dat wat dienstbaar is aan de groep breng ik in en het andere niet. Dat dient wel echt en authentiek te zijn en niet verzonnen om wat voor begrijpelijke reden dan ook. Selectieve authenticiteit noemt Ruth Cohn dit; wat je zegt dient echt te zijn, maar niet alles wat echt is, hoeft gezegd te worden. In het proces van deze groep neem ik als begeleider het voortouw. Ik presenteer mezelf in de vorm van een vertelling over het leven en recente sterven van een man over wie ik op het einde van mijn verhaal onthul dat hij mijn vader is. Dat zet zeker de toon en later blijkt dat het sommige deelnemers over de brug haalt en aanmoedigt om zelf meer persoonlijk tevoorschijn te komen.

2.3.3 Creativiteit en leiderschap

Als we worden uitgedaagd om zelf tevoorschijn te komen en mogen uitdrukken wat we het liefst willen, treden blijkbaar allerlei (onbewuste) mechanismen tegelijk in werking. Dikwijls zijn dat beveiligingsmechanismen, bijvoorbeeld omdat we in het verleden vaak zijn teruggefloten als we uitkwamen voor wat we graag wilden. Dat vonden anderen dan niet gepast of egoïstisch of wat dan ook en afkeuring viel ons ten deel. Zo hebben we onszelf afgeleerd te vertrouwen in wat wij verlangen. Angst en onzekerheid willen ons behoeden en tegenhouden, opdat we ons geen builen meer vallen. Je kunt jezelf echter niet *niet* sturen! Je komt tot een besluit en naarmate je meer waagt te doen wat je eigenlijk wilt doen, druk je jezelf authentieker uit. Waag je het je toe te vertrouwen aan je eigen stroom van verlangens en ideeën en daarmee jezelf ook in alle kwetsbaarheid te laten zien aan deze vreemde mensen? Zo laat je jezelf immers kennen en je laat iets van je ziel zien. Zo komt je bezieling naar buiten. Dat inspireert de anderen meestal om dat ook te doen en op die manier komt er een dynamiek op gang tussen de deelnemers. Dan geraken we samen in de flow.

In deze concrete situatie maken we tijdens de presentaties een eerste keer wezenlijk contact met elkaar. Bemoedigd door onszelf en door elkaar riskeren we het de volgende keer weer en we durven steeds meer te vertrouwen op creatieve invallen. We worden ook creatiever. Dit proces van durven en stoutmoedig zijn kan echter alleen plaatsvinden als het thema genoeg ruimte biedt om te kiezen en niet letterlijk voorschrijft wat te doen.

Hoeveel onveiligheid kan een groep aangeboden krijgen zodat de deelnemers nog genoeg moed en uitdaging kunnen vinden om de opgave aan te gaan? En dan bedoel ik onveiligheid in de zin van open oningevulde ruimte die ik aanbied. Te veel zorgt ervoor dat angst en paniekgevoelens ontstaan. Het gaat dus om de goede maat! Hoe goed weet je dit als begeleider in te schatten en hoe wordt het thema spannend genoeg?

De grondhouding van de begeleider speelt hierin zeker een rol: authentiek en transparant zijn in wat jou beweegt en wat je bedoelingen en afwegingen zijn. Directief zijn en besluiten nemen en ook empathisch zijn en vertrouwen hebben in de groeimogelijkheden van de deelnemers. De begeleider prikkelt en moedigt aan en spreekt vertrouwen uit in de deelnemers, de begeleider gelooft stellig dat de deelnemers de gestelde opdracht prima aankunnen.

De aanwezige materialen (lappen, verf, maskers), kunst- en sprookjesboeken en dichtbundels werken zeker inspirerend maar het opvallendste is dat ieder op geheel eigen wijze van de materialen gebruikmaakt om zichzelf kenbaar te maken. De spanning die dat meebrengt, is voelbaar, opwindend en aanstekelijk.

En dan krijgt ieder ook nog feedback als de presentatie klaar is. De associaties van de anderen zijn vaak treffend. Een deelnemer gaf mij terug dat hij mijn verhaal ontroerend vond en dacht dat ik een levensthema presenteerde. Dat was ook zo. Anderen benoemden duidelijk wat ze tijdens de presentaties non-verbaal konden waarnemen. Zo zagen ze de kwetsbaarheid van een dans of de verbazing en toenemend enthousiasme van iemand die een gedicht voorleest, of diens enorme gedrevenheid en angst dat deze presentatie moet slagen. Het brengt helder onder de aandacht dat anderen altijd meer aan je zien dan je zelf bewust bent. Waar de associaties niet herkenbaar waren voor diegene die zich presenteerde, werd erover gesproken. Zorgvuldig omgaan met feedback is een belangrijke voorwaarde om te bouwen aan een veilig klimaat.

2.4 De theorie als input

Op de tweede dag leg ik de theoretische basis van TGI uit. De opgave waarvoor ik sta, is: hoe kunnen alle deelnemers ondanks of zelfs liever dankzij hun diverse achtergrond en kennis van de TGI verder leren? Sommigen zijn in opleiding, anderen hebben al een aantal TGI-cursussen gevolgd en voor enkelen is dit de eerste kennismaking met TGI.

2.4.1 Thema en structuur

Ik formuleer het thema zo: 'TGI, een visie en een methode, hoe zit het systeem in elkaar?'
De bedoeling is om kennisgericht te leren over het TGI-systeem. Hoe kunnen alle deelnemers, zij die al zeer TGI-ervaren zijn en zij die voor het eerst met TGI kennismaken, zich zo gestimuleerd en aangesproken voelen dat zij verder kunnen leren over TGI? Ik laat drie subgroepen vormen met in elk groepje een deelnemer die TGI nog nooit heeft meegemaakt. Ik nodig deze deelnemers nadrukkelijk uit al hun vragen te stellen en die de leidraad van de bespreking in de subgroep te laten zijn. De overige deelnemers kunnen al hun kennis en ervaring inzetten om antwoorden te formuleren op de gestelde vragen en deze aan elkaar toetsen. We noteren vondsten, twijfels of nieuwe onbeantwoorde vragen en bespreken die later plenair.
De structuur blijkt verrassend te werken. Zij met de minste kennis van zaken krijgen een centrale rol en ze nemen de leiding via de

vragen die ze stellen. De anderen, met veronderstelde kennis van zaken, komen af en toe in conflict met elkaar over hun kennis. Ze blijken niet alles zo goed te weten als ze misschien van tevoren hadden gedacht. Ze schrijven de nieuwe vragen die hierdoor ontstaan zorgvuldig op voor de plenaire bijeenkomst.

We werken een uur in subgroepen en daarna een uur in plenum. Vervolgens bied ik een nieuw thema aan, dat inzoomt op het beter begrijpen van de werking van structuren en werkvormen in TGI. Het heeft rechtstreeks verbinding met het cursusthema ('Flow, schepping en ontdekking... creatieve werkvormen in TGI') en luidt: 'Flow, schepping en ontdekking; in mijn werk als begeleider en in deze cursus als deelnemer... hoe werken structuren?'

We werken in drie niveaugroepen met een indeling op basis van TGI-ervaring: beginnend, gevorderd tot zeer ervaren TGI-beoefenaar. Door de manier waarop ik het thema en de werkvorm presenteer, spreek ik op speelse wijze de concurrentiegevoelens aan. Ik mag graag prikkelen en uitdagen, deelnemers in een concurrentiepositie plaatsen kan daarvoor een goede structuur zijn. In de tweede fase van groepsontwikkeling waarin we ons als groep voorzichtig begeven, de fight- en flightfase, is dit zeer gepast. Eike Rubner, een Duitse TGI-opleider en psychoanalyticus bekend om zijn cursussen in het leren omgaan met crises, vindt dat echte samenwerking pas tot stand kan komen via concurreren en rivaliseren.

Het thema vraagt om reflectie op de ervaringen die de deelnemers hebben met werkvormen en structuren. Ze ontwikkelen ter plekke een praktijktheorie. Later onderzoeken wij plenair hoe die praktijktheorie zich verhoudt tot de theorie van de TGI.

De thema's doen achtereenvolgens een appèl op vertellen over de eigen ervaringen, daarop reflecteren, een eigen praktijktheorie formuleren en horen en begrijpen hoe de theorie van TGI is.

2.4.2 Dynamisch balanceren

Dynamisch balanceren tussen alle mogelijke tegenstellingen, zowel inhoudelijk als qua werkvorm, maakt dat zo veel mogelijk deelnemers zich aangesproken voelen, zowel in hun leerstijl als in hun capaciteiten. Dit betekent geenszins dat we voortdurend moeten afwisselen in kort tijdsbestek. Meestal verdiept het leren zich zelfs door langdurig door te gaan op een pool van de tegenstelling. Als ik een groep bijvoorbeeld een dag lang verstandelijk, cognitief laat begrijpen wat TGI is en hoe het werkt, verdiept het leren een volgende dag wanneer ik de groep het laat ervaren en uitproberen - ondernemingen verzinnen en workshops ontwerpen en uitvoeren.

De deelnemers aan de cursus balanceren dynamisch tussen een reeks van tegenstellingen: vragen stellen en antwoorden formuleren, persoonlijke ervaringen en gezamenlijke praktijktheorie daaruit destilleren, praktijktheorie en TGI-theorie, actie en reflectie, individuele ervaringen en collectieve ervaringen, heterogene subgroepen qua TGI-ervaring en homogene subgroepen qua TGI-ervaring, werken in kleine groepjes en werken in een grote groep.

Dynamisch balanceren bevordert levend leren. En we leren levendig. Overkoepelend zou je kunnen zeggen dat we twee dagdelen lang bezig zijn met begrijpen van het TGI-systeem om daarna erg toe te zijn aan het balanceren naar een andere pool. Van reflectie, nadenken en mentaal begrijpen naar actie, emotie en ervaren.

Het is bevorderlijk voor het leren en om in de flow te raken om een hele tijd vol te houden op één aspect. Doorzetten en volharden komen dan als persoonlijke kwaliteiten aan de orde. Het gaat hier over de maximale inspanning verrichten, zoals Csikszentmihalyi schrijft. Het is een misvatting te denken dat levend leren alleen maar plezierig is. Uiteindelijk is het dat wel, maar noeste arbeid verrichten is zeker een onderdeel van het hele proces.

Dan is het zover dat we de theorie even laten voor wat zij is. Het laatste half uur van de middagsessie gaan we aan de slag met creatieve middelen: schilderen en poëzie schrijven zijn de werkvormen om ons te helpen in contact te komen met de meer emotionele laag, de gevoelsmatige inhouden die ieder van ons bezighouden. De werkwijze is: ieder mag zijn voorkeur voor schrijven of schilderen volgen. Het thema is voor iedereen: 'Een stapje verder dan ik denk dat ik kan!' Schrijver en schilder werken in tweetal, eerst maken ze iets, dan leggen ze dat voor elkaar neer en via een nieuwe creatie reageren zij op elkaar. Bij elk schilderij maakt de schrijver een verhaal en bij elk verhaal maakt de schilder weer een schilderij. De reacties op elkaars werk gaan een hele tijd door tot elke schilder en elke schrijver een tiental expressieve werken heeft gecreëerd.

Wat houdt mij op een diepere laag in mijzelf bezig? Durf ik dat aan mezelf te bekennen en daar dan expressie aan te geven? Het thema luidt 'Een stap verder dan ik denk dat ik kan!' De groep werkt in stilte waardoor het onbewuste meer kansen krijgt om een vorm aan te nemen in tekst of schildering. Later, na het avondeten, tijdens de laatste sessie van die dag presenteren de deelnemers hun creaties, ook dan interpreteren we het materiaal niet. Het hardop voor de groep presenteren laat de ervaringen van de middag echter weer dieper werken en het maakt zichtbaarder wat ieder nu eigenlijk bezighoudt. Dat is niet altijd even aangenaam, soms komen daar tranen van ontroering of ontgoocheling bij. Het is als werken met dromen: intensieve arbeid om onbewust materiaal bewust te krijgen. En het is meestal niet voor niets onbewust, dus er gebeurt wat met je, als voor jezelf én voor de hele groep helder wordt wat jou nu echt bezighoudt. Iedereen krijgt weer meer kleur en wordt vollediger aanwezig in de groep.

2.5 Een stap verder: de deelnemers doen het werk

Het laatste thema van die dag heb ik in functie van de volgende cursusdag geformuleerd. Ik wil nog meer naar de actie en de ervaringen toe balanceren en tegelijkertijd het eigen leiderschap exploreren en mogelijkheden voor nieuwe ervaringen creëren. Mijn ervaring is dat wat je zelf het liefste doet, wat je inhoudelijk het meest bezighoudt, de meeste potentie heeft. Als je daar je beroep van hebt gemaakt, zit je meestal wel goed in je vak, maar het gebeurt nogal eens dat je gaandeweg, in de waan van de dag, afdrijft van je oorspronkelijke passie. En je hebt meestal meer passies, dat is ook interessant om te onderzoeken. Vanuit deze gedachten kom ik op het volgende thema: 'Eigen leiderschap in contact met eigen wensen: netwerken en ondernemingen opzetten!'
Ik herinner mij uit een samenwerking met Marinus Knoope, performer, auteur en trainer (M. Knoope, 1998) een structuur die nu van pas komt.
Ik geef de deelnemers de tijd om breeduit te exploreren en uit te proberen waar nog meer verlangens, wensen en ideeën aanwezig zijn. Op die manier kunnen ze mogelijk sleetse paden verlaten en nieuw zicht krijgen op vragen en kwesties die hen bezighouden.
De bedoeling van dit thema is dat de groep zich organiseert rond drie ondernemingen, eenmanszaken waarvoor de deelnemers kiezen. Die drie ondernemingen geven de volgende dag een workshop om hun product te promoten.
Ik stel twee vragen om de ondernemingen te initiëren:

- Welke activiteit doe je het liefst?
- Wat is het thema waar jij dikwijls en graag over praat met anderen?

Het antwoord op de tweede vraag wordt het product van de onderneming, het antwoord op de eerste is de vorm waarin de deelnemers dat product gaan verkopen.

Eerst maakt ieder individueel kenbaar welke onderneming hij gaat beginnen, daarna netwerken en kijken de deelnemers met wie ze aansluiting vinden om gezamenlijk een onderneming op touw te zetten waarin ieder tot zijn recht komt met zijn favoriete activiteit en thema.

Er ontstaat dolle pret en plezier! Dit kom ik telkens weer tegen als we mogen doen wat we graag willen doen en daarvoor uitkomen! En de opmaat hadden we al gekregen door het vorige thema: 'Een stap verder dan ik denk dat ik kan!' Schroom en verlegenheid krijgen weinig kans meer en ieder gaat voluit voor dat wat hij eigenlijk altijd al eens wilde doen. In dit grote 'alsof-spel' kunnen deelnemers vrij experimenteren met weinig risico wat betreft geld, macht, posities of belangen!

De balans tussen uitdaging om het nieuwe te doen en de vaardigheden die de deelnemers in huis hebben, moet aanwezig zijn. Dit noemen we in deze cursus steeds werken op het scherp van de snede, of zoals we het meermaals thematiseerden 'Een stap verder dan ik denk dat ik kan!' Voor sommige deelnemers betekent dat overigens een stap terugzetten in plaats van vooruit, omdat zij zich altijd te veel haasten om een oplossing te vinden. Zij leren nu om langer tijd te besteden aan de analyse van een probleem en minder snel tot actie over te gaan. Robertson beschrijft hoe de menselijke processen bij veranderingen plaatsvinden, hoe wij de behoefte hebben ons te hechten aan het oude en, als we ons veilig genoeg voelen, het nieuwe willen exploreren (P. Robertson, 2003).

Een vaardigheid van de begeleider is de deelnemers goed in te schatten en ze niet te overvragen of te risicoloos aan het werk te zetten.

Drie subgroepen, drie 'ondernemingen', zitten te popelen om voor elkaar een workshop voor te bereiden om de eigen onderneming te promoten. Vandaag maken wij drie workshops van elkaar mee, als leider en als deelnemer. En natuurlijk geven we feedback, zodat iedereen iets terughoort over zijn optreden.

Het voorbereidingsthema is 'Een stap verder dan wij denken dat we kunnen met onze onderneming...'
In mijn inleiding op dit thema verwijs ik naar de schrijver-schilderoefening van gisteren. Om samen in de flow te komen is het belangrijk dat ieder echt opneemt wat de ander zegt en daar als het ware een eigen kleur aan toevoegt, zodat er een nieuwe kleur ontstaat. Maak een goed begin met een fysieke warming-up of iets dergelijks. Heb zorg voor jezelf en elkaar, zodat ieder zich comfortabel genoeg voelt om aan het werk te gaan. Houd de TGI voorbereidingsstappen aan zoals we die hebben geleerd. En wellicht de lastigste opgave: wees alert en laat los!
De subgroepen gaan elk huns weegs en ik blijf alleen achter en gebruik die tijd om de feedback voor te bereiden. Ik stel me voor dat er na elke workshop van anderhalf uur een half uur overblijft om te reflecteren op het voorbije proces. De subgroep die heeft geleid, krijgt dan de volgende vragen mee:

- Teken gezamenlijk de energiecurve vanaf het moment van voorbereiding tot en met de uitvoering van de workshop.
- Welke patronen komen mij bekend voor en wat heb ik jou zien doen?
- Waar ben ik als het ware ondergedoken, heb ik niet uitgedrukt wat ik eigenlijk wilde of heb ik onnodig reserve gehouden?
- Waar ben ik jou te veel tegemoet gekomen en welk plezier deed ik mezelf daarmee?

Deze vragen onderzoeken welke psychologische (overdrachts)-mechanismen ons gevangen kunnen houden om te doen wat ik wil doen. Ze doen wederom een appèl op inzicht en bewustwording en daarmee op het opheffen van onnodige belemmeringen zodat vrijer en autonomer gedrag ruim baan krijgt. Alle overige deelnemers kunnen reflecteren op de workshop die ze net meemaakten met behulp van de volgende richtvragen:

- Het resultaat: hoe en waardoor heeft de workshop op mij gewerkt, bepaalde effecten gehad?
- Wat vermoed ik, hoe denk ik dat hun proces gelopen is, hun voorbereiding?
- De verschillende personen met ieder hun eigen interesse en patronen en dilemma's... wat kreeg ik daarvan mee?

Iedereen maakt aantekeningen die behulpzaam kunnen zijn in de avondsessie, wanneer we de hele dag plenair nabespreken. Daarvoor formuleer ik een nieuw thema, waardoor iedereen op andere wijze zijn aantekeningen ordent en wellicht nog tot andere conclusies komt.

Maar nu terug naar de groep. De subgroepen zijn terug en maken de naam van hun onderneming bekend en hun voorkeur voor tijdstip van werken. De onderneming Snoeipoezen wil eerst aan de slag met veel non-verbaal lijfelijk werk. In de middagsessie wil de groep Ba(b)beltafel werken, zij willen een excursie naar buiten maken. Daarna komt de laatste groep met Voice @ flow, zij willen met stem en geluid de toon zetten.

Het wordt een dynamische dag met veel niet voor de hand liggende werkvormen, zoals fysieke en dramatische werkvormen, fantasieoefeningen, een tocht met opdrachten en ervaringsoefeningen buiten, werken met geluiden. Tegelijkertijd kaarten de deelnemers inhoudelijk stevige thema's aan zoals 'de kwaliteit van contact maken met elkaar' en 'een lastige samenwerking analyseren en alternatieven van handelen uitproberen'.

Er zijn veel actieve ervaringsoefeningen en de pittige reflectievragen na elke workshop bieden een mooi tegenwicht. De reflecties richten de energie weer terug op het individuele leerproces en sporen het denken over methodieken en werkvormen aan. Dat vind ik belangrijk gezien de doelstelling van deze cursusweek. Mijn ervaring is dat er makkelijk een zogenaamde gestapelde energie kan ontstaan door van de ene workshop in de andere te duikelen. Daarmee zouden we onrecht doen aan de groep die het laatste aan de beurt is.

Uiteindelijk hebben we een geanimeerde nabespreking met het thema 'Verrassingen en kritische kanttekeningen, wie en wat daagde mij uit op eigen leiderschap?!'

De deelnemers genieten van de feedback die ze krijgen, in het geven van feedback is iedereen uiterst secuur en constructief kritisch in de formulering.

2.6 Transfer naar de werksituatie

Na de positieve ervaringen van met elkaar in flow komen door middel van de geanimeerde workshops van de diverse ondernemingen, zijn we toegekomen aan de realiteit van ieders werksituatie in het dagelijkse bestaan. Hoe kunnen we daar meer creativiteit in brengen? De laatste sessies in de cursus werken we hieraan. We gaan in kleine groepen uit elkaar met het thema: 'Balanceren en jongleren met structuren en werkvormen, ideeën krijgen, concrete plannen maken en hier uitproberen!'

De deelnemers leggen elkaar hun praktijksituatie voor, zij kiezen er een uit en brainstormen over andere mogelijkheden die ze ook concreet uitproberen. Uiteindelijk bepaalt de inbrenger van de situatie wat hem het meest aanspreekt.

Nadat iedereen voldoende nieuwe perspectieven voor het werk heeft meegekregen, balanceren we met de groep naar het theoretiseren en het meer abstracte denken. We komen tot een aantal veronderstellingen die het in de flow komen bevorderen en gebruiken daarbij een schrijfoefening en het thema 'Wie en wat bevordert mijn in de flow komen en wie en wat werkt dat tegen?'

Werken met TGI betekent zodanig werken dat de deelnemers in de flow komen. Als begeleider werk je zo dat deelnemers niet afhankelijk van jou worden. Zo nemen de deelnemers met meer autonomie het heft in handen en worden ze initiatiefrijker en creatiever. Dat resultaat zal elke TGI-cursus bereiken. In het bovenstaand voorbeeld gaat het om creatieve werkvormen waarbij creativiteit als begrip en als ervaring heel centraal komt te staan.

Als de deelnemers eenmaal inzien dat ze in wezen zeer creatief zijn, bereiken we een belangrijke doelstelling. De concrete ervaring jezelf weer als een creatief mens mee te maken geeft zichtbaar zelfvertrouwen, voldoening en zelfbewustzijn. Je persoonlijk leiderschap neemt dan zienderogen toe.

2.7 Tot slot

Leiderschap en creativiteit zijn een begrippenpaar. Als begeleider kan ik met mijn interventies veel doen. TGI is een systeem dat daar met zijn waarden, uitgangspunten en didactische principes zeer nauw op aansluit. Ik heb nog een paar aspecten die ik een grote rol vind spelen in de ontwikkeling van creativiteit niet belicht.

De context en sfeer waarin we werken, moet open en veilig zijn. Oordelen zijn uit den boze. Ieder moet zich kunnen uitspreken zonder dwang. We werken met elkaar aan een cultuur van acceptatie en een leerklimaat waarin ieder mag zijn met wat er is. Dat betekent niet dat we aan alles in de groep kunnen werken. Conflicten horen er gewoon bij. Die bespreken we het liefst openlijk en waar mogelijk werken wij eraan. Zij hoeven niet te worden opgelost of weggepoetst, integendeel. Dat ze er zijn, houdt ons wakker en alert.

Nieuwsgierigheid en belangstelling lijken persoonlijke voorwaarden om tot flow te komen, het betreden van voorspelbare en bekende paden en doelen wijzen wij af. We zijn eropuit verrast te worden en te verrassen en de meest onwaarschijnlijke ideeën de revue durven te laten passeren. Daarmee bouwen we aan een grondhouding die nodig is om leiding te geven aan diversiteit. Dit kan het grotere doel zijn achter persoonlijk creatief worden. Dit grotere maatschappelijke belang ligt in de visie van Cohn zeer zeker besloten.

Literatuur

Cohn, Ruth, C. *Van psychoanalyse tot themagecentreerde interactie.* Nelissen, Baarn, 1997/4

Csikszentmihalyi, Mihaly. *Over flow, schepping en ontdekking.* Boom, Amsterdam, 1998.

Csikszentmihalyi, Mihaly. *Flow, psychologie van de optimale ervaring.* Boom, Amsterdam, 1999.

Knoope, Marinus. *De creatiespiraal, natuurlijke weg van wens naar werkelijkheid.* KIC, Nijmegen, 1998.

Robertson, Peter. *Ontsnapping uit S-catraz*, Always Change a Winning Team. Scriptum Management, Schiedam, 2003.

Swieringa, J. en A.F.M. Wierdsma. *Op weg naar een lerende organisatie.* Groningen, 1990.

Marleen Vangrinsven (1953), andragoloog, TGI-opleider, psychodrama en voice dialogue opleiding. Als docent agogische vakken (training, supervisie, colleges didactiek) heeft zij vele jaren ervaring in het hbo aan dramadocenten, acteurs, verpleegkundigen en personeelsfunctionarissen. Nu is ze als zelfstandig ondernemer bij organisatieontwikkelingen werkzaam naast het ontwikkelen en uitvoeren van managementleergangen over leiderschap in bedrijven. 'Ik ben gefascineerd door het belang van crises en creativiteit die echt leren bevorderen, die echt leren tot Levend Leren maken!'
e-mail: vervan@wxs.nl
Tel. 0031-30-2732984

3 Oh, wat een zalige vergadering!

De bruikbaarheid van TGI bij overlegsituaties

Marc Verschueren

3.1 Inleiding

Wie zou niet graag vergaderingen willen verlaten met de ver-
zuchting 'Oh, wat een zalige vergadering?' Vroeger vond ik dat
TGI niet veel had te bieden om routinematige wekelijkse vergaderingen kwalitatief te verbeteren. Volgens mij was TGI vooral
bruikbaar voor individuen die in een groep aan een leertaak gingen werken. TGI leek mij erg geschikt om 'te leren vergaderingen
te leiden', maar veel minder geschikt om gewone vergaderingen
voor te zitten. En voor wie geen voorzitter maar deelnemer aan
een vergadering was, vond ik TGI helemaal onbruikbaar. Inmiddels kijk ik daar anders tegenaan.
Dit hoofdstuk is ontstaan naar aanleiding van een workshop met
als thema dynamisch balanceren als grondprincipe in overlegsituaties. Overlegsituatie gebruik ik als een verzamelwoord voor
vergadering, teamoverleg, directiecomité, werkgroep, onderne-
mingsraad of bestuursvergadering. Ik wil het verloop van de
workshop niet beschrijven. En ik geef ook geen samenvatting van
de gestelde vragen, de gevonden antwoorden en uitgesproken inzichten. Wél pas ik twee bekende modellen toe om te illustreren
hoe ik mijn eigen voorzitters- en deelnemerservaring in een breder perspectief kon zetten.

3.2 Hoe werd TGI voor mij bruikbaar in overlegsituaties?

Lang was TGI voor mij eenzijdig verbonden met leren. Bij leren dacht ik aan nieuwe inzichten opdoen, andere inhouden leren, meer zelfkennis verwerven, enzovoort. Dat soort leren kon ik moeilijk in verband brengen met de activiteit die deelnemers vertonen tijdens overlegsituaties. Hoe ik vergaderen kon gelijkstellen met leren, wist ik niet. Twee invalshoeken brachten mij op andere gedachten.

Enerzijds werd ik uitgedaagd om elke groepssituatie met TGI te lijf te gaan. We kunnen het vier-factorenmodel (ik-wij-het-globe) op elke groepssamenkomst leggen. Dan kun je vervolgens onderzoeken hoe je aan de eis van het dynamisch balanceren kunt voldoen.

Anderzijds werd ik gegrepen door het conceptueel model van leren en verandering zoals beschreven in het boek *Het concept 'Levend Leren'* van I. Callens (VU-Uitgeverij, 1983). Ik begreep dat ik TGI niet alleen voor een leerproces kon inzetten, maar ook voor een veranderingsproces. Ik geef dat conceptueel model hierna weer. Onder 3.4 werk ik het verder uit.

Leren, veranderen en beïnvloeden is het meer of minder bewust procesmatig en historisch relevant handelen in de ontwikkeling van de maatschappelijk-persoonlijke leergeschiedenis van mezelf en van anderen.
Dit betekent een proces waarin ik:
1 mezelf bezig zie in mijn situatie,
2 mezelf zie als maatschappelijk individu en als lid van groep(en),
3 die realiteit waarneem en met fantasie problematiseer,
4 mijn impulsen toelaat en ze beheers en expressieve krachten en repressieve instanties binnen in mij en buiten mij herken en mezelf bevrijd,
5 communiceer met jou,
6 inhoudelijke belangstelling ontwikkel in verbinding met anderen,
7 denk en voel,
8 overdenk en handel,
9 waarneem en lichamelijke gewaarwordingen heb,
10 me bewust word van wat (nog) niet bewust is,
11 structureer en laat groeien,
12 veralgemeen en weer verbijzonder.
(Callens, 1983)

Dimensies van leren – een model

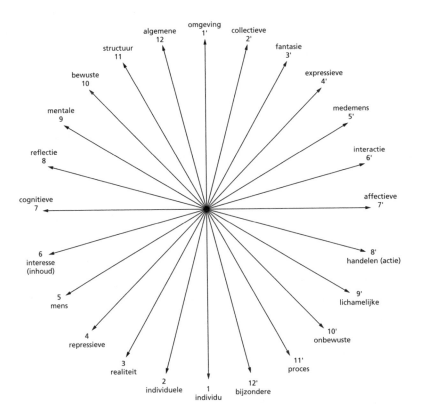

Figuur 1: **Leren en verandering opgevat als de dialectische ontwikkeling van tegenstellingen**
– de configuratie van zich ontwikkelende tegendelen.
(Callens, 1983)

3.3 TGI-overlegsituaties en dynamisch balanceren

De basiswerkhypothese van TGI is dat de vier factoren (ik-wij-het-globe) even belangrijk zijn en evenveel aandacht krijgen. Dit betekent in overlegsituaties bijvoorbeeld dat elk individu (ik) zich geaccepteerd en erkend weet in zijn betrokkenheid bij de actuele taak. Dat de taak (het) effectief wordt gerealiseerd. Dat de groep (wij) de genomen beslissingen en hun consequenties draagt en dat de inhoudelijke besluiten ten aanzien van de globe optimaal kwalitatief en ecologisch zijn getoetst. (De globe geeft hierbij ook de grenzen aan van het haalbare voor een bepaalde groep.)

De vier factoren komen afwisselend in de belangstelling. In een TGI-leergroep betekent dit bijvoorbeeld dat niet enkel de ikken centraal staan, maar dat ook de globes van deze ikken aan bod moeten komen.

Overleggroepen hebben sterk de neiging om vooral het het in relatie tot de globe centraal te stellen (vaak ten koste van het ik en het wij), afstandelijk te praten over zaken als agendapunten en de eigen (over)wegingen en het gevoel buiten beschouwing te laten. De taak (het het) van de overleggroep kunnen we omschrijven als: Hoe kunnen en willen we invloed uitoefenen op de globe. We moeten dingen regelen en strategieën bepalen. We nemen besluiten. Een overleggroep ontleent zijn bestaansgrond niet aan doelen zoals de onderlinge samenwerking verbeteren of nieuwe kennis vergaren. Dan noemt men het teambuildingaspect. De overlegsituaties bewerken echter globe-thema's waar na afloop handelend in moet worden opgetreden. Vanuit TGI zulke overlegsituaties leiden, betekent ik en wij evenwaardig aandacht geven, naast het en de globe. Het betekent aandacht geven aan dingen als persoonlijke veronderstellingen, taalgebruik (wij of je in plaats van ik), veralgemeniseren zonder persoonlijke toetsing voor akkoord. De betekenis van ik-wij-het-globe wordt dan uitgebreid tot het vier-factorenmodel. (Zie hoofdstuk 1)

Voorbeeld 1. Ervaring als voorzitter van een overlegsituatie
Ik heb een jaar of tien gewerkt als algemeen coördinator van een samenwerkingsverband van wijkgerichte jeugdgroepen. In die periode heb ik maandelijks het overleg van tien wijkcoördinatoren geleid.
Ten gevolge van de wijze van subsidiëren van de overheid waren zij erg autonoom. Er was in feite geen hiërarchisch verband tussen mij en hen. En ze waren ook in andere opzichten niet afhankelijk van mijn functie.
Toch moesten we samen doelen realiseren zoals methodiekontwikkeling, kwaliteitsverbetering, belangenbehartiging bij de overheid en vertegenwoordiging. Stuk voor stuk vraagstukken die wijzen op de feitelijke onderlinge afhankelijkheid. Het kwam erop neer dat ik jarenlang heb gewerkt in een samenwerkingsstructuur en -cultuur waarin de dynamiek tussen interdependentie en de behoefte aan

autonomie prominent aanwezig was. Ik heb geprobeerd die spanning bewust te hanteren in elke maandelijkse bijeenkomst. Ik geef hieronder een aantal specifieke themaformuleringen weer, die ik bewust heb ingezet.

Op de schriftelijke uitnodiging voor het overleg noteerde ik meestal als eerste agendapunt Nieuws uit de wijken. Dat agendapunt heb ik op de vergadering nader ingeleid, bijvoorbeeld via het thema 'We vertellen elkaar onze hoogtepunten en onze tegenslagen van de laatste vier weken', of 'Hier waren wij in ons team de voorbije tijd mee bezig, en daar willen wij de volgende maand naartoe'.

Deze opstap dwong iedereen om deel te nemen en dat creëerde een verbindende gelijkheid. Iedereen kon er ook wat mee: een gelukte teamdag, de tegenslag van een inbraak, een nieuw gestart wijkproject, misgelopen samenwerking met de buurtschool, nieuw personeel en stagiaires. En in mijn rol van voorzitter en algemeen coördinator kon ik er ook in participeren.

Wie bijvoorbeeld ziek was geweest of net terug was van vakantie, kon dit even aan de anderen vertellen. Daardoor kregen wij allen maandelijks voeling met ieders wel en wee en met ieders bekommernissen op dat moment. Vervolgens paste ik de vooropgestelde agenda aan aan de noden zoals die uit de startronde waren ingebracht.

Regelmatig voorkomende agendapunten met bijbehorende themaformuleringen waren:

— *Briefings, standpunt bepalen, stand van zaken in een dossier.*
  Thema: Wat begrijp ik ervan en wat wil ik nog meer van jullie weten. De centrale vraag is telkens: wat is onze volgende stap? Laten we het op zijn beloop, ondernemen we iets? Nadat we de toestand hebben geschetst, wordt het thema: Wat doen we wel? Wat doen we zeker niet?

— *Een idee voor een gezamenlijk initiatief.*
  Thema: Wat zijn voor mij redenen om mee te doen, wat zijn bezwaren waardoor ik afhaak.

— *Samenwerking rond een lopend project.*
  Thema: Wat wil ik met jou regelen, wat wil jij met mij regelen.

— *Varia en afsluiting.*
  Thema: Wat wil ik hier nog achterlaten.

In de specifieke context van de ontwikkeling van deze organisatie en dit overleg in het bijzonder heb ik voor het merendeel ik- en wij-betrokken thema's geformuleerd om de overheersende het- en globegerichtheid terug in balans te brengen.

3.4 Overleggen = een veranderingsproces?

Op het moment van het overleg is er een sterke focus op de globe. Bijna alle agendapunten gaan uit van een waargenomen 'ginder en toen' en stellen de vraag naar een gewenst 'daar en dan'. Wat vinden wij van deze nota? Zullen wij op dit aanbod ingaan? Hoe zullen we besparen? Organiseren we een personeelsuitstapje? Enzovoort.

Een overlegsituatie vindt haar betekenis vooral in het realiseren van de verbinding tussen de toestand voor het overleg en de gewenste toestand ná het overleg. Dat gaat niet vanzelf. Een overlegmoment is een gepland en doelbewust gebeuren.

De deelnemers veranderen in het overlegmoment niets aan de globe. Hun houding ten opzichte van het agendapunt en elkaar verandert. Zij communiceren. Ze nemen informatie op en delen informatie mee, zowel verbaal als non-verbaal. Ze leren nieuwe gegevens kennen en veranderen daardoor. Daarna kunnen ze niet meer terug en handelen ze alsof ze het geleerde niet zouden kennen. We wisselen feiten, opinies, oordelen, keuzes, veto's en wensen uit tot we rond dit agendapunt meer groep zijn geworden. Zo niet, dan besluiten we het punt op een andere manier of we zetten het nogmaals op de agenda.

In een overlegsituatie veranderen de deelnemers zichzelf, zij veranderen elkaar en zij veranderen de groep in een en dezelfde beweging.

Als we overleg als een veranderingsproces beschouwen, kunnen we het model van leren, veranderen en beïnvloeden opgevat als dialectische ontwikkeling van tegenstellingen erop toepassen voor analyse (Callens, 1983).

Callens beschrijft in dit model leren en verandering in groepen als een ontwikkeling van twaalf dimensies van tegenstellingen, bijvoorbeeld structuur versus proces, het affectieve versus het cognitieve of fantasie versus realiteit (zie figuur 1 en 2). Dit meerdimensionale model is ook bruikbaar als kompas om vlot en stroef overleg te begeleiden. In het volgende voorbeeld benoem ik twaalf dimensies (uit figuur 1) en de polariteiten waartussen is gewisseld.

Verandering, beïnvloeding en leren, beschreven als de ontwikkeling van de verhouding tussen:	Dimensies van leren, verandering en beïnvloeding
1 individu en omgeving (persoon en situatie)	1 ervaringsdimensie
2 het individuele en het collectieve (individu-groep)	2 psychosociale dimensie
3 realiteit en fantasie (werkelijkheid-mogelijkheid)	3 kritische dimensie/ problematiserende dimensie
4 het expressieve en het repressieve	4 emancipatorische dimensie
5 mens en medemens	5 dialogische dimensie/ communicatiedimensie
6 interesse (inhoud) en interacties	6 belangendimensie
7 het cognitieve en het affectieve	7 overdrachtsdimensie
8 reflectie en handelen	8 handelingsdimensie/probleem-oplossende dimensie
9 het mentale (psychische) en het lichamelijke	9 waarnemingsdimensie
10 het bewuste en het onbewuste	10 bewustwordingsdimensie
11 structuur en proces	11 structureringsdimensie/ institutionaliseringsdimensie
12 het algemene en het bijzondere in een betekenisvolle samenhang	12 exemplarische dimensie

Figuur 2:   Verandering, beïnvloeding en leren als de dialectische ontwikkeling van tegenstellingen – dimensies van leren, veranderen en beïnvloeding.
(Callens, 1983)

Voorbeeld 2. Ervaring als deelnemer aan overleg

Toen ik enkele jaren lid was van een schoolbestuur, nam de toen-
malige voorzitter afscheid. Zowel haar inzet, haar gedrevenheid,
haar ervaring met het schoolgebeuren, haar relatienetwerk als haar
dossierkennis waren belangrijke steunpilaren bij de uitvoering van
een degelijk bestuur. Zij deed in haar eentje de helft van het be-
stuurswerk.

Toen zij weg was, bleef het resterende bestuur in eerste instantie
zitten met het gevoel dat zij onvervangbaar was. Geen van de be-
stuursleden voelde zich geroepen om haar taak van voorzitter over
te nemen. Dit bleek overduidelijk op de eerstvolgende bestuursvergadering waar we dit vraagstuk moesten oplossen.

Bijna iedereen gaf onmiddellijk aan dat hij geen kandidaat was. Het
proces dreigde stil te vallen. We stelden een andere structuur van
probleemoplossing voor *(processtructuur: structureringsdimensie)*.

1   Iedereen schreef (anoniem) in een eerste ronde de na(a)m(en)
    op van bestuursleden die hij in staat achtte om in de huidige
    context de voorzittersrol op te nemen *(realiteit-fantasie: kriti-
    sche dimensie)*.

2   Het bestuur kreeg het resultaat hiervan terug.

3   Vervolgens werden motieven, kwaliteiten, luisterbereidheid,
    inhoud, vertrouwen van elke genomineerde persoon geïnven-
    tariseerd om te bepalen of hij in aanmerking kon komen als
    voorzitter. De genomineerden mochten hier niet onmiddellijk
    op reageren *(affectief-cognitief: overdrachtsdimensie)*.

4   Daarna behandelden wij het thema Wie verkiezen wij als voor-
    zitter? nogmaals. De genomineerden konden op de uitspraken
    van de vorige ronde reageren. Zij verduidelijkten hun bezwa-
    ren of twijfels. Zeiden bijvoorbeeld 'Ik ben niet goed in het lei-
    den van vergaderingen, ik weet te weinig van financieel be-
    leid, ik wens mij nog slechts voor één jaar verder te engageren'
    (mens-medemens: dialogische dimensie).

5   Hierna kon het bestuur met elke genomineerde onderhande-
    len. We onderzochten hoe we de bezwaren in voorwaarden
    konden omzetten. Als twee anderen om de beurt de vergade-
    ringen zouden voorzitten, als X vanaf nu het financiële voor
    zijn rekening neemt *(interactie-inhoud: belangendimensie)*.

6   Gaandeweg tekende zich een oplossing af die de bestuurs-
      groep in zijn geheel heeft ontwikkeld en wilde dragen, zodat
      Y de functie van voorzitter officieel op zich nam en zich ge-
      steund wist *(individuele-collectieve: psychosociale dimensie)*.

3.5 TGI vanuit de deelnemersrol: interventies en TGI-hulpregels

Een misvatting die zich in mij had genesteld, was dat ik alleen als
voorzitter, gespreksleider of trainer met TGI kon beginnen te werken. Dit was versterkt door mijn dwangidee over de typische TGI-
aanvangsprocedure. En hoewel de postulaten eigen leiderschap
en storingen mij in overlegsituaties bleven inspireren, borg ik
mijn TGI-knowhow als deelnemer aan overleg grotendeels op.
Tot ik besefte dat ik als deelnemer ook aandacht voor het wij of
het ik kon vragen zonder dat de overleggroep iets van TGI afwist.
Het enige wat ik hoefde doen, was de vorm van mijn boodschap
aanpassen aan de communicatiecultuur van die groep. Zo kon ik
de TGI-hulpregels gebruiken zonder ze rechtstreeks te introduceren, maar door eraan te appelleren. Bij de volgende voorbeelden
doe ik een beroep op de fantasie van de lezer om in te vullen wat
aan deze interventies voorafging.

- 'Voorzitter, ik wil graag eerst weten of iedereen wel eraan toe
  is om hierover een gezamenlijk besluit te nemen.'
- 'Kunt u uitleggen wat u veronderstelt of denkt bij de vraag
  die u net stelde, want ik merk dat ik daarover ga fantaseren.'
- 'Bedoelt u dat wij dit allemaal vinden, of bedoelt u dat u dit
  vindt?'
- 'Uw algemene uitspraak die ik niet deel, helpt mij niet verder.'
- 'Voorzitter, collega's, ik kan het niet volgen als iedereen
  door elkaar praat. Kunnen we even een volgorde afspreken?'
- 'Mijn aandacht wordt helemaal naar jullie fluistergesprek ge-
  trokken. Als wat jullie zeggen verband houdt met ons onderwerp, vertel het ons dan allemaal, alsjeblieft, of is er iets
  anders waar jullie last van hebben of wat je bezighoudt?'

3.6 TGI vanuit de voorzittersrol: de voorbereiding en de globe

Hoe kan een TGI-voorzitter de overlegsituatie zo organiseren, leiden en beïnvloeden dat de reden(en) om bijeen te komen ('het') optimaal kan worden gehonoreerd? Ik inventariseer vooraf wat er leeft bij de individuele deelnemers. Ik schat in welke draagkracht en samenhang de groep heeft omtrent een onderwerp. Ik overweeg of een agendapunt wel tot de taak van de groep behoort en ik verken de contouren van de globe-thema's. Overlegsituaties met een vaste regelmaat (zoals wekelijkse teamvergaderingen) dreigen alleen al saai en sleur te worden, omdat alle denkbare onderwerpen en vragen bijna vanzelfsprekend op de agenda komen. Een groepslid hoeft maar een bezorgde of kritische vraag te stellen rond een niet geagendeerd en dus niet voorbereid onderwerp en de vergadering kan uit de hand lopen. Is de groep er wel op voorbereid om dit punt te bespreken? Hoort dit punt vandaag op dit overleg? Deze onvoorziene agendawijzigingen benader ik vanuit het 'storingen hebben voorrang'-postulaat. Ik probeer enerzijds waardering te laten blijken voor de betrokkenheid van het groepslid en anderzijds de inhoudelijke bespreking af te bakenen en te beperken: 'Goed dat je dit ter sprake brengt. Vandaag hebben we onvoldoende tijd om dat grondig te bespreken. Vind je het goed om het een volgende keer op de agenda te zetten, dan kunnen we het punt goed voorbereiden.' Het agendapunt rondvraag of wat verder ter tafel komt dat op bijna elke agenda voorkomt, is een structureel middel om dit soort onvoorziene punten uit te lokken en tegelijk te kanaliseren.

De TGI-voorzitter bepaalt een volgorde voor de agendapunten. Hij kiest tevens een passende ondersteunende structuur, bijvoorbeeld een rondje inleiding met vragen gevolgd door pauze of een presentatie. De voorbereiding van goed TGI-overleg behelst voor mij meer dan nadenken over het begin van de bijeenkomst en het introduceren van de agendapunten.

Als ik het besluit neem om iets te agenderen en dus een plaats en tijdstip ter bespreking vastleg, betekent dat dat ik een idee heb over de gewenste verandering bij de individuen en bij de groep. Dan heb ik dus ook gekozen om deze verandering via een overlegmoment te realiseren. De deelnemers moeten optimaal kunnen deelnemen aan alle onderwerpen. Daarom weten zij het beste vooraf wat de bedoeling is rond een bepaald agendapunt.

Als voorzitter besteed ik ook aandacht aan de beperkingen die de globe van de deelnemers aan hen oplegt inzake tijd, opdracht, invloed, belang, engagement, (on)macht, bevoegdheid en mandaat. Deze aandacht is niet alleen een mentale activiteit, het vergt soms ook concrete uitwerking in voorbereidende contacten en voorwaardenscheppende onderhandelingen via tweegesprekken. Tijdens deze aanloopgesprekken tracht ik de deelnemers bewust te maken van de belangen van hun achterban, hoe ze die kunnen hanteren en de voorwaarden die ze kunnen stellen in de overlegsituatie. Zo voorkom ik dat deelnemers het gevoel krijgen dat ze weerloos allerlei voorstellen moeten slikken, met andere woorden dat ze hun eigen leiderschap niet ten volle opnemen.

3.7 Tot slot

Ik heb in dit artikel belicht hoe bruikbaar ik TGI in overlegsituaties vind. Vanuit de voorzittersrol of de deelnemersrol kan ik actief met TGI interveniëren. De globe krijgt daarbij bijzondere aandacht. Benader ik de overlegsituatie als een veranderingsproces, dan biedt het meerdimensionaal model van leren en veranderen en het TGI-systeem mij mogelijkheden om het dynamisch balanceren te inspireren. Ook in een overlegsituatie kan ik ernaar streven om de vier factoren wisselend aandacht te geven. Ik heb ervaren dat dat de kwaliteit van het overlegproces en het resultaat gunstig beïnvloedt. Dynamisch balanceren is voor mij de motor die het veranderingsproces tijdens overleg constructief stuwt en richt. TGI werkt het sterkst wanneer de *do's* en *don'ts* uit de effectief-vergaderenboekjes geen houvast meer bieden om de ontstane overlegsituatie te deblokkeren.

Literatuur

Callens, I. *Het concept levend leren* (proefschrift). VU-Uitgeverij, Amsterdam, 1983 (niet meer verkrijgbaar)

Marc Verschueren (1955) bouwde ervaring op met TGI in het sociaal-cultureel vormingswerk met beroepsvergaderaars, in een therapeutische gemeenschap, in de diplomagerichte TGI-opleiding, in intervisie met trajectbegeleiders, in een hogeschool met studenten en in zijn gezin met drie kinderen. 'Ik ben nu vooral geïnteresseerd in de ontwikkeling en toepassing van TGI in onderwijsomgevingen.'

e-mail: <u>marc.verschueren@kdg.be</u>

Tel. 0032-3-4404124

4 Wanneer al het bewuste is uitgesproken, kan het nieuwe binnenstromen

Over TGI als methodiek bij intervisie

Jeroen Hendriksen en Arjan de Wit

4.1 Inleiding

Intervisie is van alle tijden. Het oplossen van werkproblemen blijkt in de praktijk tot een veelheid aan creatieve werkvormen te leiden die intervisie tot een spannend, uitdagend en leerzaam proces maken. Langzamerhand kunnen we in de literatuur over intervisie ook herkennen dat specifieke beroepsgroepen in toenemende mate intervisiemethoden ontwikkelen die nauw aansluiten op de behoeften van de intervisiegroep en op de specifieke achtergrond, scholing en motivatie van de deelnemers aan intervisie. Door intervisie te verbinden met TGI ontstaat er een stimulerende omgeving voor levend leren. In dit hoofdstuk laten wij de werkwijze zien die wij, op basis van vroege teksten van Ruth Cohn, hebben ontwikkeld die we hieronder als praktische handleiding uitwerken.

Twee teksten van Ruth Cohn (Cohn-Farau, 1987-2 en Cohn, 1993-3) over haar tegenoverdrachtworkshops inspireerden ons om te onderzoeken of die aanpak vruchtbaar zou kunnen zijn voor intervisie.

Twee elementen uit de aanpak in haar workshops hielden ons in het bijzonder bezig. We hebben geprobeerd ze in onze intervisie-aanpak te integreren. Het zijn de methode van het vrij associëren en het moment van leegte en nieuw inzicht dat de probleemin-brenger ervaart, nadat alles is gezegd en gevraagd. Veel ervaringen van toen (midden jaren vijftig van de vorige eeuw) zijn inmiddels zeer herkenbaar binnen intervisie, zoals dat vandaag de dag wordt gepraktiseerd.

In dit hoofdstuk beschrijven we eerst de tegenoverdrachtwork-shop van Cohn. We gaan in op structuurbepalende elementen en op een aantal sleutelbegrippen uit die workshops. Daarna gaan we in op de praktijk van een intervisiebijeenkomst waarin we het vrije associëren aanvullen met identificatietechnieken van Raguse (Raguse, 7/2002) en het vrij associëren zoals dat bij de zogenaam-de roddelmethode plaatsvindt. Vervolgens vatten we onze werk-wijze voor een intervisiebijeenkomst samen. We besluiten met de toepassingsmogelijkheden voor de lezer, als deelnemer of als be-geleider. Hier geven we aan voor welk soort problemen en doel-groepen deze aanpak naar ons idee het meest passend is.

Tot slot van deze inleiding willen wij uitdrukkelijk vermelden dat wij zelf geen therapeutische achtergrond of opleiding hebben. We putten slechts inspiratie uit de ontwikkelingen zoals ze door an-deren zijn beschreven en we proberen deze toepasbaar te maken voor het niet-therapeutische veld.

4.2 Het associëren als basis voor inzicht in problemen

4.2.1 De tegenoverdrachtworkshop

In 1955 leidt Ruth Cohn een wat zij noemt experimentele work-shop voor jonge psychoanalytici over tegenoverdracht. Het doel van deze workshop was *'praktiserende psychoanalytici te trainen in het ontdekken en oplossen van verschijnselen van tegenoverdracht'*.[1] De

---

1 Alle cursieve citaten in dit hoofdstuk zijn van Ruth Cohn.

workshop moest ertoe leiden dat de therapeut zichzelf beter zou leren kennen en vorderingen zou kunnen maken in zijn persoonlijke en professionele ontwikkeling.

Het was een heel bijzonder initiatief, omdat psychoanalytici er destijds van uitgingen dat zij na hun gedegen opleiding inclusief analyse in de therapie vrij waren van overdrachtsverschijnselen. Omdat Cohn ervan overtuigd was dat je ook als psychoanalyticus nooit klaar bent met het verwerken van in je vroegere leven ontstane blokkades, vermoedde zij dat er in situaties waarin de therapie niet vlotte, sprake zou kunnen zijn van overdracht van de therapeut op de cliënt. In het psychoanalytisch jargon heet dat tegenoverdracht. Cohn omschrijft overdracht als volgt: *'Overdrachtsverschijnselen zijn verwrongen voorstellingen en reacties van de cliënt ten opzichte van zijn analyticus die hun oorsprong vinden in fixaties van waarnemingen en fantasieën in de vroege jeugd. Ze stonden in dienst van het afweersysteem van het kind.'* Tegenoverdrachtverschijnselen zijn dan verwrongen voorstellingen en reacties van de therapeut ten opzichte van de cliënt.

De workshops waren er dus op gericht de deelnemers inzicht te geven in hun tegenoverdrachtverschijnselen. Door inzicht te krijgen in de interactie van therapeut en cliënt en in de gedragspatronen die deze relatie bij hem oproept, kan een therapeut zijn relatie met de cliënt verklaren en kan hij beter als therapeut functioneren.

De eerste groep die de workshop volgt, bestaat uit acht jonge psychoanalytici die aanvankelijk een keer per twee weken en later een keer per week bijeenkomt onder leiding van Ruth Cohn. Deelnemers zitten gemiddeld twee jaar in de groep. De groep loopt na de eerste twee jaar gewoon door en wisselt geregeld van samenstelling. Per sessie behandelt de groep een casus.

Voor de eerste bijeenkomst bedenkt Cohn dat het de deelnemers uitnodigt als zij zelf een casus uit haar eigen praktijk inbrengt waarvan zij vermoedt dat er sprake zou kunnen zijn van tegenoverdracht. *'Als het al een taboe voor de deelnemers was om over hun tegenoverdrachtproblemen te praten, hoeveel ónmogelijker zou het dan niet zijn wanneer de supervisor haar eigen problemen voor de studenten blootlegde!'*

Ze heeft de casus die zij naar voren brengt niet van tevoren voorbereid, omdat ze vindt dat het in therapie ook niet de bedoeling is dat de cliënt zich inhoudelijk voorbereidt. Door zich voor te bereiden zou het vrije associëren namelijk wel eens veel minder vrij en spontaan kunnen worden.

De eerste sessie is direct al een groot succes omdat het conflict van de analyticus, de basis van het symptoom van tegenover-dracht, kan worden geanalyseerd. Ruth Cohn komt tot een in-zicht over haar eigen overdrachtssymptomen met haar cliënt. Dit inzicht geeft haar de mogelijkheid in de therapiesessies die op de workshop volgen, stappen te zetten met haar cliënt. *'Mijn tegen-overdrachtprobleem tegenover mijn cliënt was vanaf deze sessie voor-bij.'*

4.2.2 De ervaringen uit Cohns workshops nader omschreven

Cohns ervaringsworkshops rond tegenoverdracht doen sterk den-ken aan onze tegenwoordige intervisiebijeenkomsten, waar een groep collega's zich buigt over een ingebracht werkprobleem van een van de deelnemers. Een groot verschil is dat Cohn in haar workshops de verantwoordelijk therapeute en de begeleider is die zich weliswaar transparant en als deelnemer opstelt, maar toch de leiding behoudt over de sessies. Deze werkwijze doet meer aan be-geleide intervisie denken, al is het doel daarvan de intervisiegroep zelfstandig te maken in een afgesproken aantal bijeenkomsten. Voordat groepen zelfstandig werken met intervisie, worden soms intervisiemethoden aangeleerd in een begeleid verband. Een in-tervisiedeskundige ondersteunt de groep bij het leren werken met intervisie. Deze begeleiding is erop gericht de groep binnen een afgesproken termijn zelfstandig te laten functioneren als intervi-siegroep (Hendriksen, 2002-4).

Welke fasen kunnen we onderscheiden in de groepsactiviteit bij Cohns workshops en zijn er parallellen of juist verschillen met in-tervisie zoals wij dat heden ten dage in Nederland beoefenen? Op basis van kernelementen uit de TGI ontwikkelen wij nieuwe ideeën voor de praktijk van intervisie.

De volgende structuurbepalende elementen zijn van belang voor intervisie. De eerste drie geven fases in het proces aan, de volgen-de drie zijn sleutelbegrippen in de aanpak.

1   de startfase: het omschrijven van het probleem
2   de techniek van het vrij associëren
3   de fase van interpreteren die wordt afgesloten met een mo-

gelijke herdefiniëring van het probleem (als uitkomst, resultaat, interpretatie)

4   het spiegelen van de situatie hier-en-nu / daar-en-dan
5   leiderschap; begeleiding
6   de werkmethode en de doelen.

FASE 1: DE STARTFASE

In de startfase hoort de groep hoe het is gegaan met het probleem dat in de vorige sessie is behandeld. De begeleider nodigt leden van de groep uit door vrije associatie een nieuwe casus in te brengen, waarvan ze het gevoel hebben dat er sprake zou kunnen zijn van tegenoverdracht. De groep kiest zo'n casus. *'Het lid dat op dat moment het meest door een geval bezwaard schijnt te zijn, krijgt meestal het startsein van de groep en begint. Soms wordt een zwijgzaam lid verzocht over een case of over de reden van zijn zwijgen te praten.'*

Cohn beschrijft het gevoel dat er iets in haar eigen houding niet klopt ten opzichte van Irene, een intelligente vrouw van ongeveer 52 met een wereldreputatie op haar vakgebied. Cohn voelt zich prettig bij deze patiënt en bij haar ontwikkeling, maar toch knaagt er iets wat ze niet kan definiëren.

Losser, intuïtiever en vager kun je een probleem haast niet omschrijven. Drijfveer voor Cohn om juist dit probleem als leider van de workshop in te brengen is dat het probleem zich bij haar voorbereiding op de workshop opdrong. Toen zij zich dit bewust werd, bracht Cohn haar eigen vraag in om hem te onderzoeken, tegen de heersende opvattingen van collega's in.

Zelf zegt ze: *'dat ik de moed opbracht mijn probleem met een patiënt vrij associërend te bespreken, was een moeilijke* maar ongetwijfeld de vruchtbaarste beslissing *uit mijn professionele leven.'*

We gaan in paragraaf 3 in op de betekenis van deze vruchtbare beslissing.

FASE 2: VRIJ ASSOCIËREN

De inbrenger van de casus vertelt nu over zijn probleem. Hij doet dit vrij associërend rond het thema: 'Ik denk of voel dat iets wat in verband staat met de cliënt mij in de behandeling stoort.' Hij zegt alles wat er bij hem opkomt, zonder censuur.

'Ik deelde alles wat ik mij bewust werd, onmiddellijk mee aan de groep, ook schijnbaar niet relevante beelden, gevoelens en gedachten. Hoe langer ik over Irene associeerde des te pijnlijker werd het gevoel in mij dat ik afhankelijk was geworden van de patiënt.'

65

De techniek van het vrije associëren is oorspronkelijk afkomstig van Freud. Hij liet alles vertellen wat in het hoofd van de patiënt opkwam, die op de divan lag en geen oogcontact had met de therapeut. De patiënt vertelde zonder bewuste censuur uit te oefenen en zonder richting te geven aan de gedachtestroom. Freud probeerde met opmerkingen, vragen of interpretaties inzicht te geven in het functioneren van de patiënt of in diens diepere motivaties voor doen en denken (Freud, 1972).

Cohn keert de rollen als het ware om als zij aan de groep vraagt te reageren op haar casus. De groep neemt de rol van therapeut/hulpverlener over, Cohn is de cliënt. Ze beschrijft dat ze tijdens het associatieproces een diepe behoefte had begrepen te worden en antwoorden te krijgen.

FASE 3: DE INTERPRETATIE

De associatiefase komt ten einde wanneer degene die de casus inbrengt, al associërend 'leeg' is. De groep helpt vervolgens bij het interpreteren van alle gegevens.

'Ik kon niet meer over Irene nadenken. Ik vroeg de deelnemers dringend mij te zeggen wat er in hen omging. Ik had het gevoel dat zij alle antwoorden hadden, alsof zij wisten wat er tussen mij en de patiënt voorviel en zij moesten het mij zeggen. Mijn gevoel was: zij weten wat er aan de hand is!'

De groep neemt het initiatief en reageert met vragen, verklaringen, voorstellen, interpretaties en een groeiende vorm van spontaneïteit en openheid. Cohn schrijft: *'Plotseling, tussen alle opwinding en spanning in, kwam de inval: ik had Irene zo beleefd zoals ik als kind mijn vader had ervaren.'*

Cohns vader was terughoudend en tegelijkertijd alwetend in de ogen van zijn dochter. Ruth zat als kind aan zijn voeten, in de rust van zijn bescherming en toch vol twijfels over zijn afstandelijkheid. Die rol speelde ze ook bij Irene, ze had zich gekoesterd aan de contacten en toch...

Het kwartje valt. Alsof in een immense leegte plotseling een deur opengaat naar een nieuwe werkelijkheid. De ingebrachte probleemstelling krijgt een antwoord, een nieuw perspectief, op grond waarvan Cohn haar houding opnieuw kan bepalen.

Bij het lezen van Cohns teksten lijkt het *'plotseling, tussen alle opwinding en spanning in kwam de inval'* in tegenspraak met *'ik ervoer de stroomversnelling en de bewogenheid, mijn leegte die secondenlang duurde, mijn hulpeloosheid toen ik naar de groep keek, en de plotselinge oplossing'.* De paradox ontstaat omdat wij bij het eerste citaat een hectisch tafereel voor ons zien, waarin het inzicht als een bliksemschicht inslaat, waar in het tweede citaat, nadat alles is gezegd en gevraagd, een voor de inbrenger onaangename, spanningsvolle stilte ontstaat. Zij smeekt de groep min of meer om te helpen en de groep zwijgt, *'echte hulp biedend'.* In stilte stroomt de oplossing binnen.

Uit eigen ervaring kunnen we zeggen dat beide situaties van inzicht herkenbaar zijn: zelfs in de hectiek van het moment ontstaat bij een plotseling inzicht als het ware een 'eigen stille ruimte'. Het is nooit voorspelbaar of en wanneer een dieper inzicht ontstaat. Dat kan ook thuis gebeuren, een week later, een jaar later, geworteld in dat ene moment van stilte.

Wij destilleren drie fasen uit de beschrijving van Ruth Cohns tegenoverdrachtworkshop. De startfase waarin groepsleden een probleem kiezen, de associatiefase waarin de inbrenger vrij associërend alles wat er in hem opkomt naar voren brengt en de interpretatiefase die uitmondt in een stilte waarin het inzicht kan doorbreken. Vervolgens gaan wij in op drie sleutelbegrippen die belangrijk zijn voor intervisie: het spiegelen, het leiderschap en de werkmethode.

SPIEGELEN

Het karakter en de problemen van de therapeut en de cliënt (het daar-en-dan) kunnen zich spiegelen in de interactiepatronen hier-en-nu in de groep, een verschijnsel dat ruim bekend is uit therapie en supervisie. De beelden die we van onszelf opbouwen, ontstaan in de sociale omgeving waarin we opgroeien. De reflectie van anderen versterkt, verduidelijkt of wijzigt deze beelden, bijvoorbeeld in een intervisiegroep. Spiegeling confronteert het sprekende groepslid sterk met zichzelf, ook al zegt of reageert de groep niet. 'Hij beleeft zichzelf in versterkte mate, zijn authenticiteit of het gebrek daaraan' (Swildens, 1991).

De teksten van Cohn geven ons aanleiding tot interpretaties. In haar cliëntenrol zit Cohn als het ware aan de voeten van een alles wetende en zich op professionele afstand houdende groep. In de sessie heeft ze de groep tot haar alwetende vader omgetoverd. Het zwijgen en de belangstelling en de vragen van de groep werken spiegelend.

Zo zijn er andere voorbeelden uit onze eigen praktijk te geven.

Iemand die in een intervisiegroep nooit een probleem heeft ter bespreking, zou zich op het werk ook weg kunnen cijferen en voorrang geven aan de vragen en problemen van anderen. Of concurrerend gedrag in de groep kan parallellen vertonen met sterke concurrentiegevoelens in de werksituatie. Zulke spiegelingen van de werkelijkheid kunnen bij bewustwording als leermateriaal voor de groep en de inbrenger van de casus dienen. Kennis van spiegelen kan groepsleden van dienst zijn in de interpretatiefase.

Cohn verbindt ook een leertheoretisch standpunt aan het spiegelen. Door vooral op emotioneel niveau hier-en-nu bezig te zijn kan de probleeminbrenger de cognitieve bewerking van het gebeurde buiten het proces houden (daar-en-dan), waardoor cognitieve beschouwingen, interpretaties en meningsverschillen niet ten koste gaan van dat proces en de probleeminbrenger. Wanneer we cognitieve aspecten van de behandelde casus bespreken, *nadat* de inbrenger tot een nieuw inzicht is gekomen, leidt dit tot meer kennis en begrip van wat er heeft gespeeld dan wanneer het zich in de interpretatiefase mengt met het proces.

LEIDERSCHAP

Cohn leidt de groep, omdat zij de workshop ziet als een opleidingsgelegenheid. Zij treedt op als participerende en transparante leider door haar eigen casuïstiek in te brengen en blijft tegelijkertijd de verantwoordelijkheid voelen voor het gehele proces, al deelt ze die met de groep. Het is een dynamisch balanceren avant la lettre. Ze schreef teksten over tegenoverdracht voor ze TGI als systeem ontwikkelde. 'Ongetwijfeld mijn vruchtbaarste beslissing', schrijft Cohn over het balanceren tussen eigen verantwoordelijkheid als leider en haar besluit in die groep verantwoordelijkheden te delen met de andere groepsleden ('existentieel partnerschap' noemt ze het dan nog). Het gaat over vertrouwen hebben dat je samen al lerend en zoekend tot een uitkomst komt.

Volgens Callens (1982) kwam Cohn stap voor stap op het spoor van een methodische werkwijze op basis van een gezamenlijk thema dat levend leren mogelijk maakt, ook in situaties buiten de beschreven workshops.

Wij hebben ervaren dat een intervisiegroep met een wisselende begeleider die niet therapeutisch is geschoold, de beschreven werkwijze ook kan toepassen, als de leden van de groep voldoende vaardig zijn in en kennis hebben van de hierboven genoemde processen en technieken. Dit laat onverlet dat in de groep tijdens de sessie altijd iemand de leiding moet geven aan het proces. Die participerend leider houdt het verloop en de voortgang van de behandeling van de casus extra in de gaten. Wij hebben ervaren dat zo'n groep zeer wel in staat is het leiderschap over te nemen wanneer de leider van de bijeenkomst persoonlijk verstrikt blijkt te zijn met het ingebrachte thema. Ervaring, een groot onderling vertrouwen, zelfsturing en het mogen falen zijn zowel bij de tegenoverdrachtworkshops van Cohn als bij intervisie basisvoorwaarden om te professionaliseren.

KEUZES

De groep als veelkoppige supervisor noemt Cohn zelf de interactie in de groep en daarmee geeft ze de meerwaarde van een supervisie-/intervisieachtig gesprek aan. Zo'n groep maakt in de teksten van Cohn de keuze:

- voor het urgentste probleem
- zonder dit van tevoren voor te bereiden
- het probleem in vertrouwelijkheid te bespreken op basis van ervarend leren (via het associëren), waarbij zwijgen en stiltes een belangrijke rol spelen
- op zoek te gaan naar blinde vlekken
- vrijuit te spreken zonder alle opmerkingen af te wegen
- gericht te zijn op specifieke doelstellingen (bijvoorbeeld reflectie).

Na afloop is de groep *dankbaar* dat ze elkaar konden helpen en dat ze konden zoeken naar oplossingen, herdefiniëringen, duidingen en nieuwe perspectieven. Cohn kijkt bij een volgende bijeenkomst even terug op de vorige en ze beziet de stappen die de probleeminbrenger heeft genomen in het contact met de besproken cliënt.

4.3 Intervisie

Hendriksen, Elich, Hamstra en Veendrick hebben intervisie als onbegeleide vorm van elkaar beroepsmatig ondersteunen naar nieuwe inzichten voor het eerst uitgebreid besproken in hun boek *Intervisie bij Werkproblemen*. Ze zagen intervisie als een vruchtbare werkwijze die kon profiteren van het gedachtegoed van de themagecentreerde interactie. Wie hun bevindingen vergelijkt met de hier aangehaalde ervaringen van Cohn ziet een haast natuurlijke verwantschap zonder dat deze ervaringen expliciet ten grondslag hebben gelegen aan de verdere uitwerking van intervisie. Wel hebben Cohns boeken de ontwikkeling van intervisie gestimuleerd. Intervisiegroepen gebruiken geregeld het thema dat centraal staat en wordt geproblematiseerd, ze maken de verbinding met de werksituatie (globe) en ze wisselen van leider. Ook weten intervisiegroepen dat storingen voorrang hebben, dat ze open vragen moeten stellen zonder te suggereren of te adviseren, dat vertrouwelijkheid, het kiezen van het urgentste thema en het herdefiniëren van het oorspronkelijk thema na het ontdekken van de blinde vlek belangrijk zijn, net als het terughalen van de resultaten van de vorige bijeenkomst enzovoort.

Een intervisiegroep in Nederland of België bestaat al lang niet meer alleen uit therapeuten. Integendeel, de belangstelling voor deze werkwijze ontwikkelt zich ook in de industrie- en dienstensector, nadat het jarenlang vooral is gepraktiseerd in het welzijnswerk, de gezondheidszorg en de daarbij behorende opleidingen in het onderwijs. Intervisie is een op zelfsturing gebaseerde, onbegeleide aangelegenheid. Het model dat wij hieronder presenteren, is geïnspireerd door Cohn en latere publicaties van Hartmut Raguse. Het is gebaseerd op vrije associatie en het ruimte geven aan tijd en leegte.

Wij beginnen een intervisiebijeenkomst met het schenken van tijd en we leggen uit wat de functie daarvan is. Dan vragen we de casusinbrenger ruim de tijd te nemen om zijn verhaal te doen. De groep luistert in stilte en moedigt hoogstens non-verbaal aan. We vragen de inbrenger van de casus nadat hij het probleem heeft geschetst de tijd te nemen losse gedachten op te laten borrelen, of die er nu iets mee te maken hebben of niet, om vrij te associëren en niet te schrikken van stilte, maar stilte als een hulpmiddel te zien. Een korte meditatie of stilteoefening voor de hele groep voor het inbrengen van de casus kan goed helpen om in een luistersfeer te komen.

Jolanda is een jonge groepsleidster in de ambulante psychiatrie. Ze vertelt eerst zakelijk hoe haar casus in elkaar steekt. Ze ergert zich telkens hevig aan 'dat irritante mannetje', een knul van 22 jaar die flink ontspoord is, suïcidale neigingen vertoont en een drankprobleem heeft. Alles wat ze onderneemt, en dat is heel wat, loopt vast.

De man houdt zich aan geen enkele afspraak. Wel belt hij ettelijke keren per dag op met allerlei onzinverhalen. De ene dag is hij verliefd op haar, de volgende dag wil hij een afspraak met haar maken, anders gooit hij zich van het balkon. Hij belt soms wel twintig keer op een dag. En dan bemoeit zijn vader zich er ook nog mee door dwars door haar plannen voor opname zijn zoon mee te nemen op vakantie. Ja, het is een allochtone jongen...

'Ik ben zo geïrriteerd', zegt ze, 'dat ik niet meer goed functioneer als begeleider. De hele maand heb ik nog geen enkel resultaat bereikt. Ik baal ervan.'

We zijn stil. Ik nodig haar uit haar overige gedachten uit te spreken, alles wat in haar opkomt, ongecensureerd.

- *hij zuigt me leeg...*
- *ik wil juist een goede hulpverlener zijn... wat ben ik nou waard? Ik baal zo dat ik het niet voor elkaar krijg... Er is nog maar zo weinig tijd... er moet zo veel...*
- *ik krijg geen echt contact... hij doet niet wat ik vraag...*
- *ik ben blij dat het met andere cliënten niet zo moeilijk gaat...*
- *hij is een klootzak... (dat zegt ze heel rustig, wat verbaasd)*
- *ik bereik hem niet...*

Desgevraagd formuleert Jolanda haar probleem opnieuw. We nemen er alle tijd voor. Ze formuleert na enig zoeken:

'Hoe kan ik zonder emotioneel verbonden te raken met mijn cliënt toch een goede hulpverlener zijn en resultaten boeken?'

In het hoofdstuk De Methode Raguse beschrijft Hanneke Elich (Hendriksen, 2002-11) hoe Raguse de groep vraagt zich te identificeren met de hoofdpersonen uit de casus. Vrij associërend verplaatsen de deelnemers zich in de persoon van de probleeminbrenger. De associaties zijn interpretaties, projecties, verwoordingen van gevoelens, eigen ervaringen, observaties ter plekke enzovoort. Uit dit materiaal selecteert de probleeminbrenger zelf wat hem raakt en wat van belang is voor verdere bewerking. Deze werkwijze is heel direct, vaak confronterend en geeft/vraagt een grote betrokkenheid vanuit de deelnemers.

In zijn artikel *TGI en groepssupervisie* geeft Raguse aan dat hij vooral intervenieert op vier niveaus:

1 het niveau van het waargenomen materiaal (wat de groep heeft gehoord en gezien)
2 het niveau van het benoemen van gevoelens (ervaringen van tederheid, haat en nijd, verveling of fascinatie)
3 het niveau van innerlijke beelden of fantasieën (bijvoorbeeld metaforen)
4 het niveau van het groepsproces: op welke manier zijn onze waarnemingen, gevoelens en fantasieën te begrijpen als antwoord op processen die we hebben gezien in deze groep?

Het vijfde niveau, het bespreken van de interventies van de therapeut, laten wij als niet relevant voor de intervisiewerkwijze buiten beschouwing. Raguse is zelf therapeut, heeft ook een TGI-opleiding doorlopen en begeleidt zijn groepen als supervisor vanuit zijn professie als therapeut.

Wij vinden deze niveaus herkenbaar en bruikbaar en tekenen erbij aan dat de fases vaak door elkaar lopen, elkaar overlappen en soms moeilijk van elkaar zijn te onderscheiden. Zelf werken wij er vrij intuïtief mee, wij proberen zo veel mogelijk aan te sluiten bij het onderliggende of levende thema van de groep.

We gebruiken opnieuw stilte om alles wat is gezegd te laten 'inzakken'. Ik merk dat de manier waarop Jolanda haar verhaal zonder toonbare emotie heeft gedaan, mij bezighoudt. Ik voelde een schok door de groep gaan, toen Jolanda haar probleem formuleerde: 'hoe kan ik zonder emotioneel verbonden te raken...'
Ingaand op mijn eigen gevoel vraag ik iedereen zich te verplaatsen in Jolanda vanuit de gedachte: 'Ik, Jolanda, wat denk en voel ik nu?' (niveau 2)
De reacties komen snel, spontaan en duidelijk.

- *ik formuleer mijn probleem niet goed, sorry hoor, maar ik wil het juist over mijn emotionele kant hebben!*
- *ik ben kwaad op die vent!*
- *ik moet presteren en hij werkt niet eens mee!*
- *ik wil niet dat die vader zich er ook nog eens mee bemoeit; het is nu al moeilijk genoeg.*
- *hij bedreigt me, hij heeft macht over me.*
- *elk telefoontje beantwoord ik, ik lijk wel gek! Wie is er hier eigenlijk gek?*

Er komt veel agressie en boosheid boven in deze reacties. Jolanda luistert intensief en roept na dit rondje verheugd: 'Ja, jullie hebben gelijk, ik ben kwaad op hem! En kwaad op mezelf ook, hoor.'

Een tweede identificatie vindt plaats: nu met de cliënt. De reacties zijn nu opnieuw gericht op gevoelsaspecten.
- *ik wil dat ze echt aandacht voor me heeft, gewoon luistert.*
- *ik moet zoveel van haar, ik wil gewoon praten.*
- *houd me even vast, ik ben zo alleen.*
- *als ik je bel, leef ik tenminste nog.*
- *ik heb je aardig aan het lijntje; nog even en ik heb je in mijn macht.*

'Ja, jullie hebben gelijk', zegt Jolanda, 'daar gaat het om. Dat contact met die jongen, zodat ik toch wat bereik.'

Een vicieuze cirkel wordt zichtbaar. Jolanda heeft zich vastgebeten in een probleemformulering die voor haar de kern is, het *niet* emotioneel verbinden. Het is alsof zich dat hier-en-nu in de groep ook voordoet. Ze is niet in staat de reacties van de groepsleden in zich op te nemen en de betekenis ervan te doorgronden. Ze blijft koel en zakelijk reageren. De vraag is nu op welke manier onze waarnemingen en gevoelens te zien zijn als antwoorden op processen in deze groep.

Raguse stelt in deze fase van het proces een cognitieve bewerking voor, waarbij de probleeminbrenger onderdeel van het gesprek is (praten over). Wanneer er echter vicieuze cirkels in een gesprek ontstaan, het gesprek stokt op het uitblijven van een inzicht dat de hele groep al spiegelt, kiezen wij graag voor een roddelrondje waarin opnieuw wordt geassocieerd op wat er gebeurt in het hier-en-nu in de groep. De groepsleden roepen wat ze op hun hart hebben. De probleemeigenaar zit buiten de kring en luistert. Bijvoorbeeld:

- *die stomme Jolanda, waarom ziet ze het niet? Zo gaat het nou altijd bij haar.*
- *die is net een bunker, niets dringt binnen. Ik heb gehoord dat dat bij haar thuis ook altijd zo was.*
- *een gouwe meid, hart voor de zaak en nu nog hart met een 't' in plaats van een 'd' voor die jongen.*

- *haar gevoel is haar kracht als hulpverlener. Snap jij nou waarom ze dat niet wil inzetten?*
- *waar is ze toch bang voor?*

Hoe confronterend zo'n rondje ook is, iedere keer is weer onze ervaring dat de casusinbrenger eruit pikt wat hem raakt en wat bewerkbaar is. Tegelijkertijd spelen de spelregels van deze intervisiewerkwijze ook een belangrijke rol. Jolanda kan zeggen: ik pas, dit is genoeg. De associatie- en identificatierondes ontwikkelen zich op basis van respect voor de ander, wetend dat veel van wat wordt gezegd ook heel veel over jezelf zegt.

Eerst echter wordt Jolanda gevraagd opnieuw in de kring te komen. Ik gun haar tijd om alles in verbondenheid met de groep op zijn plaats te laten komen. We gaan niet cognitief bewerken, maar ik vraag haar:
'Neem de tijd. Zet alles voor jezelf op een rij. Waar gaat het nou eigenlijk om? Wat is jouw vraag, jouw behoefte, waar zoek je naar?'

Het is lang stil. Iedereen heeft zo zijn eigen gedachten ('de groep weet de oplossing'). Ik hoop zelf in spanning dat het kwartje valt. Dat zegt ook wat over mij! Mijn ongeduld om een resultaat te scoren is spiegelbeeldig aan het ongeduld van Jolanda om resultaten neer te zetten! We gebruiken de stilte intensief. Dan zegt ze: 'Ja, misschien heb ik mijn vraag verkeerd geformuleerd. Ik lijk wel erg in de weerstand te zitten. Het trof mij dat iemand zei dat er juist kracht in mijn gevoel kan zitten. Ik doe daar niet zoveel mee, maar werk altijd aan prestaties, doelen en resultaten. Dat moet hier toch ook? Maar ik geloof dat ik het liefst eerst een goed contact met die knul wil. Ik denk dat ik me juist wel emotioneel moet verbinden, maar ik schrik daar wel van. Help me eens, hoe kan ik dit beter in beeld krijgen?'

4.4 Samenvatting van onze intervisiemethodiek

We zetten de werkwijze met behulp van associatie en identificatietechnieken op een rij. Hij bestaat uit het vrije associëren volgens Cohn en is aangevuld met elementen uit de identificatieniveaus van Raguse en de roddelmethode.

Fase 1 Probleemkeuze

Aan de hand van bijvoorbeeld het thema 'Het probleem waarmee ik vandaag stappen verder wil zetten' komt de groep met een aantal problemen. We kiezen het meest urgente. De vraagstelling is niet voorbereid en kan gebaseerd zijn op gevoelens van onvrede en onduidelijkheid, feiten en gegevens.

Fase 2 Vrije associatie

De inbrenger licht het probleem van alle kanten toe. Er hoeft geen logische volgorde te zijn. Zakelijke en gevoelsmatige informatie mogen door elkaar lopen, van de hak op de tak. De groep nodigt de inbrenger uit vrij te associëren op de casus. Neem tijd, gebruik de stilte voor invallen, gebeurtenissen, gevoelens of wat dan ook. De groep kan de inbrenger af en toe met korte vragen stimuleren. Na deze eerste associatieronde vraagt de begeleider de inbrenger van de casus het probleem in een zin samen te vatten.

Fase 3 De interpretatiefase

Deel 1: identificatie
In deze fase identificeren de groepsleden zich met de hoofdpersonen uit de casus en spelen deze steeds in de ikvorm terug naar de casusinbrenger. Deze vorm van identificeren vindt eveneens plaats op basis van associaties die opkomen als de groepsleden zich verplaatsen in de persoon van een ander.
Vooral van belang zijn de associaties op gevoelsniveau. Ook metaforen kunnen een grote rijkdom en dus verduidelijking bieden. De groep kan de verschillende niveaus die Raguse noemt, in wisselende volgorde bewerken en eventueel overslaan, al naar de dynamiek.

Deel 2: roddelen
In dit deel van de interpretatiefase roddelt de groep over casus en casusinbrenger. De casusinbrenger luistert en gaat vervolgens in gesprek met de groep. Hier kunnen groep en inbrenger ontbrekende informatie, nog openstaande vragen en aanwezige gevoelens toevoegen. Deze ronde sluit zichzelf als het ware af. Op zeker moment is alles gezegd en gevraagd. De inbrenger komt tot een

herformulering van zijn probleem: *'wanneer al het bewuste uitge-sproken is, kan het nieuwe binnenstromen'. (Cohn)*

Ergens in het proces tussen fase 1 en 3 verdwijnt de blinde vlek van de casusinbrenger zo zichtbaar dat je het kwartje haast letter-lijk hoort vallen. 'Eureka!', roept hij dan. Of: 'Nú snap ik het op-eens!' Respecteer dat en bekijk gezamenlijk of het zinvol is door te gaan met dit intervisiegesprek en op welk punt. Je kunt ook op-nieuw beginnen en een nieuwe casus kiezen. Soms kunnen 10 à 15 minuten confrontatie met stilte, reflectie en de groep genoeg zijn voor het gezochte inzicht.

Fase 4 De cognitieve bewerking

In deze fase spelen de volgende aspecten een rol:
*   groepsdynamiek: hoe speelt het thema in het hier en nu van de groep? Anders gezegd: hoe spiegelt de situatie uit de casus zich in het hier en nu van de groep?
*   sharing: wat heeft ieder vandaag herkend?
*   wat is het groepsthema in de sessie van vandaag?

De groepsleden onderzoeken hiermee hun eigen gedrag (eigen projecties) tijdens het intervisiegesprek en creëren tegelijkertijd ruimte en tijd voor de casusinbrenger om enige afstand te nemen van zijn eigen traject en eventuele emoties wat te laten bezinken en een plek te geven.

4.5 Tot slot

Het vrij associëren van Cohn uit de tegenoverdrachtworkshop, het vrij associërend inleven (identificeren) in personen volgens Raguse en de leegte-ervaring van Cohn, die ook bekend is uit de Gestalt (de 'impasse-ervaring'), hebben ons geholpen een nieuw en stimulerend model voor intervisie te ontwikkelen. De werk-wijze steunt op een ervaren groep (eventueel met professionele ondersteuning), een sterk onderling vertrouwen en enige ver-wantschap met het associëren, identificeren en spiegelen.

In intervisie geoefende groepen kunnen onze werkwijze gebrui-ken, wellicht na enige begeleiding. De aanpak lijkt ons vooral ge-schikt als de problemen van de inbrenger te maken hebben met menselijke relaties: conflicten met collega's, leidinggevenden of ondergeschikten, moeilijk verlopende relaties met cliënten enzovoort. Voor meer cognitieve of kennisproblemen lijkt ons deze aanpak op het eerste gezicht niet geschikt.

Literatuur

Callens, Ivo. *Ik, het thema en de anderen.* Grondhouding en werkprincipes van de themagecentreerde interactie. Nelissen, Baarn, 1982.
Cohn, Ruth. *Tegenoverdracht.* Thema van een groepstherapeutische workshop voor psychoanalytici. Uit: Van psychoanalyse naar themagecentreerde interactie. Nelissen, 1993-3.
Cohn, Ruth. *Der Gegenübertragungsworkshop* – Mein Weg zur Erlebnistherapie und Pädagogik. Uit Gelebte Geschichte der Psychotherapie door Ruth C. Cohn en Alfred Farau, Klett-Cotta, 1987-2.
Freud, S. *Abrisz der Psychoanalyse.* Fischer Taschenbuch Verlag, 1972.
Hendriksen, Jeroen (red.), Hanneke Elich, Harry Veendrick, Ineke Hamstra. *Intervisie bij werkproblemen.* Procesmatig en taakgericht problemen oplossen. Nelissen, Soest, 2002-11.
Hendriksen, Jeroen. *Begeleid Intervisie Model.* Nelissen, Soest, 2002-4.
Raguse, Hartmut. *TGI en Groepsupervisie.* Tijdschrift voor themagecentreerde interactie. Nummer 7, mei 2002.
Swildens, Hans (hoofdred.). *Leerboek Gespreckstherapie.* De cliëntgerichte benadering. De Tijdstroom, Utrecht, 1991.

Jeroen Hendriksen (1945), sociaal pedagoog, coach, TGI-diploma.
Werkzaam als partner/trainer bij de Associatie voor Coaching te Aarle-Rixtel. Actief met onder andere intervisietrainingen en opleidingen voor trainers, managers en personal coaches. Managementservaring opgedaan als directeur in het middelbaar beroepsonderwijs en als directeur van de Academie voor Haptonomie. Auteur van boeken over intervisie, collegiale consultatie en ondersteuning van leerprocessen.
j.a.phendriksen@freeler.nl
www.jeroenhendriksen.nl
Tel. 0031-6-20399366

Arjan de Wit, (1956), psycholoog, werkt als zelfstandig management- en communicatietrainer; specialiteit adviseren, intervisie en coaching. 'Twee dingen hebben mij geboeid vanaf het begin dat ik met TGI ben geconfronteerd. Allereerst dat je er als TGI-trainer bij het maken van een programma van uitgaat dat iedereen wat anders te leren heeft terwijl ze ogenschijnlijk hetzelfde programma doorlopen. Het tweede punt is dat ik me bij TGI-trainingen altijd geaccepteerd voelde zoals ik was. Ik voelde me

*nooit losgemaakt van mijn persoon, maar in mijn geheel aanwezig en ge-
wenst.'*
e-mail: adw@wxs.nl
Tel. 0031-6-20977524

5   Het ontwerpen van een TGI-training

Kleine stappen in een verschuivend landschap

Paul Eylenbosch

5.1   Inleiding en welkom

Helder blauwe hemel, fietsen tussen hoeven en velden met een zee van gele en witte bloemen, zonnige zondag in de lente. Het klopt! Alles lijkt in elkaar te passen. Ik voel de samenhang tussen mezelf en de open ruimte waarin ik me bevind. Ik kan mijn geestdrift hierover uitdrukken aan een vriendin die met me meefietst en wij besluiten om van deze plek een foto te maken en dit moment vast te leggen.

Zo'n moment kan religieuze gevoelens bij mij opwekken. Ik voelde me verbonden met meer en groter dan mezelf. Ik kon er bovendien iets over uitdrukken aan een ander. Dat spreken over en weer, deze interactie, versterkte mijn gevoel. Die ander proefde mijn woorden, gaf er (h)erkenning aan vanuit haar eigen beleving en moedigde me aan om op een foto een herinnering te bewaren.

WELKOM

> *Ik wil de lezer welkom heten in deze overweging. Misschien heb jij, die dit artikel begint te lezen, ook de ervaring van momenten waarop je jezelf vanzelfsprekend onderdeel voelt van een geschiedenis die veel groter en veel ouder is dan jijzelf? Misschien associeer jij dat helemaal niet met religieuze gevoelens? Heb je verwachtingen als je dit leest? De gedachten en de gevoelens die bij jou opkomen bij deze lectuur veranderen de woorden niet die op papier staan maar maken nu wel deel uit van onze geschiedenis.*

Wat in dit hoofdstuk 'onze geschiedenis' kan zijn, is de mate waarin we ons, lezers en auteurs van deze bundel, betrokken weten bij Ruth Cohn en haar methode om met groepen te werken. Ook hier is sprake van een geschiedenis die ouder en groter is dan wijzelf. Het zou een dik boek vergen om die te beschrijven.

In de winter van 1994 volgde ik een TGI-basismethodecursus. Ik leerde hoe belangrijk een cursus van enkele dagen is. Alles, de omgeving, de koffiepraatjes, zelfs de weersverandering had invloed op hoe en wat tot mij doordrong van wat er in de sessies werd gedaan en gezegd. Ik wroette om passende woorden te vinden en thema's te formuleren. Ik merkte hoezeer ik mijn omgang met de leden van die cursusgroep liet bepalen door de manier waarop ik me gedroeg in mijn familie met mijn ouders, broers en zus. Nu vanzelfsprekend, toen nieuw!

ASVERSCHUIVING

> *Ter illustratie. Een tijdje geleden kwam ik het woord asverschuiving tegen op een bord tussen de rijweg en het fietspad. Ik bevond me op het fietspad en dacht dat het te maken had met mogelijke oneffenheden daarvan. Verschuiving van de as als onderdeel van asfalt. Het heeft even geduurd eer ik begreep dat het een waarschuwing was voor chauffeurs om hun snelheid te verminderen, omdat de weg smaller werd. Asverschuiving, omdat door de vernauwing het midden van de weg, de as, op een andere plaats was gekomen.*

5.2 Mijn persoonlijke geschiedenis bepaalt mijn leren

Dat mijn persoonlijke geschiedenis, als jongste en nakomertje in een gezin op het platteland, zo bepalend is voor wat en hoe ik leer, was voor mij een openbaring. Ik besefte dat ik voortaan van een boek of een uiteenzetting slechts zal begrijpen wat mij raakt in mijn eigen beleving. Wat ik vroeger objectief noemde, is slechts mijn waarheid.

Mijn TGI-diplomaopleiding van 1997-2000 deed mij vooral begrijpen hoe ik levend leren en TGI kon hanteren als een hefboom van verandering in de Antwerpse diocesane vorming van pastoraal werkenden. Waarachtige gelijkwaardigheid verlenen aan de verschillende factoren (ik-wij-het-de globe) begint lang voor de cursisten verschijnen. Alle begeleiders van zo'n cursus moeten zich kunnen verbinden met dit leerconcept. De vier factoren die de kern uitmaken van het TGI-model, moeten vlees en bloed kunnen worden voor diegenen die met de cursisten aan het werk gaan.

Ik ben intussen 22 jaar universiteitspastor geweest en nu alweer vier jaar werkzaam als pastoraal ziekenhuiswerker in een groot psychiatrisch centrum. Sinds 1992 werk ik als begeleider vrijwillig medewerker in de vormingscommissie van de cursus pastoraal handelen van het bisdom Antwerpen. In die vormingscommissie zoeken we naar gepaste vormen en wegen om samen met onze cursisten pastoraal handelen gestalte te geven.

> *Theologie is het verhaal van mensen over God. Voor de een is God een kracht, voor de ander even aanspreekbaar als een persoon, voor nog een ander een notie en voor de meesten onvoorstelbaar. De verschillende opvattingen leveren al eeuwen stof tot nadenken. Mijn theologie is een praktische theologie. Vertrouwen dat er op deze aarde te leven valt, dat mensen in staat zullen blijken om met elkaar gerechtigheid en vrede te ontwikkelen, voedt mijn geloof.*

5.3 De voorbereiding op de cursus

Onze cursisten zijn vaak actieve vrijwilligers in het kerkelijk netwerk. Zij werken mee in federaties van parochies, ondersteunen werkgroepen van solidariteit met Derde of Vierde Wereld, begeleiden vormselcatechese, doen rouwbegeleiding of staan in voor doopselvoorbereiding. Zij hebben meestal een dagtaak als bankbediende, zaakvoerder, arts, verpleegster, maatschappelijk werker of thuiswerkende vrouw. Het motiveert hen als onze cursus aansluit bij hun leven en de band kan leggen met de vragen waar zij in hun pastorale praktijk op stoten. Als de begeleiders en de cursisten elkaar vertrouwen is dat winst.

De verhouding van mezelf tot de andere begeleiders kleurt de keuze van thema's die we met elkaar aanvatten. Ik heb mezelf leren kennen als iemand die altijd op zijn hoofd heeft kunnen en moeten rekenen om moeilijkheden te overwinnen. Letterlijk en figuurlijk heb ik ze het hoofd leren bieden. Dit kleurt mijn interacties. Ik ga eerst even nadenken voor ik voel.

Een van de collega's handelt hoofdzakelijk vanuit zijn buik. De derde man zou ik een hartmens noemen. Onze vrouwelijke benjamin ervaar ik als een bindend draagvlak.

Pas nadat we hebben besproken welk soort pastoraal werkers wij willen afleveren en met elkaar hebben verkend wat we willen inzetten, halen we de kandidaat-pastoraalwerkers erbij.

Voor ons begeleiders staan voor de cursus de volgende vragen centraal: wat verstaan wij, ieder voor zich en allen samen, onder een dienstbare en levensnabije kerk? Welke betekenis heeft spiritualiteit in ons leven? Hoe spreken wij over en tot God?

Mijn persoonlijke zoektocht hierbij is dat ik wil bevorderen dat mijn collega's van de vormingscommissie belangstelling voor en ervaring met TGI krijgen. Ik kan natuurlijk ook in mijn eentje gaan werken met TGI, maar dan sla ik het systeem over. Het vormingsconcept dat we gezamenlijk ontwikkelen, kan nauwer aansluiten bij het gedachtegoed van het levend leren en meer oog hebben voor de eigen levenservaring van onze cursisten. Iedereen ging hiermee akkoord.

We zijn zes dagdelen samen geweest voor twee sessies van anderhalf uur. Telkens een vrijdagavond en een zondagvoormiddag.

5.4 Me verbinden met TGI

Als begeleider van de TGI-cursus voor mijn eigen collega-begeleiders ben ik me bewust van de volgende afwegingen.
* De cursus heeft twee doelstellingen: ervaren van het werken

met TGI in onze groep en het uitdiepen van het programma-aanbod.

- Ik moet ervoor waken om in mijn rol van begeleider van het leerproces te blijven en niet ook deelnemer te worden aan het debat over het cursusaanbod voor de pastoraal werkers.

Als titel voor de cursus heb ik gekozen voor 'me verbinden met TGI' om van het begin af aan een open uitnodiging te formuleren, waarbij iedereen zich betrokken voelt. Ik wil voorkomen dat ik een vermanend vingertje opsteek of mijn eigen ongeduld ventileer. Verder wil ik iedere deelnemer persoonlijk uitnodigen.

Ik heb de stoelen van tevoren in een kring gezet met een bloemstuk in het midden. Voor mensen die altijd met elkaar spreken vanachter tafels is dit soort veranderingen vermeldenswaard.

BLOK 1A (vrijdag)

THEMA 1

'Hoe kom ik hier aan? Wie of wat heb ik daarvoor verlaten? Ik kijk terug op mijn dag en zie wat ik hier nu wil zeggen.'

Ik nodig iedereen in het plenum uit om te vertellen hoe hij erbij zit die avond. Iedereen kan elementen uit zijn omgeving (globe) inbrengen. Ook is er een mogelijkheid om de inspanning te onderstrepen die de deelnemers hebben geleverd om hier vanavond te zijn.

Iemand heeft vandaag met zijn vader gewerkt aan een boek over de geschiedenis van zijn geboortestreek. Zich losscheuren van de familiemaaltijd aan het einde van een drukke week, heeft heel wat gevergd van een ander. Sommigen hebben het druk gehad op het werk, de stapels blijven liggen. Een andere collega heeft een cursus theologie gevolgd en het schoot juist lekker op, maar de belofte om hier te zijn kreeg voorrang.

THEMA 2

Hoe ik mij verbonden weet met TGI? Ik kies een middel en geef een toelichting.

Ik heb een zak meegenomen met allerlei middelen om te verbinden: een nietmachine, een lint, touw, draad en naald, elastiek, plakband, papierklem, verrekijker, vergrootglas, wasknijper, veiligheidsspeld...

Ieder kiest het middel dat het beste past bij zijn verhouding tot

TGI. Het gesprek begint met de verklaring van het middel. Individueel, met een reactie van anderen. Ieder heeft al informatie over TGI gekregen en kan via het gekozen middel iets kwijt over de emotie die dat begrip oproept: het maakt verschil of iemand er met een verrekijker naar kijkt of met een elastiek zijn verhouding omschrijft.

THEMA 3

Tussen onbeschreven blad en biografie. Ik laat jou meekijken naar mijn levensschets.

Een verkenning van ieders levens- en leerweg via enkele cruciale momenten waar het leven een bocht maakte.

'Een zwaar verkeersongeval doet stilstaan bij de zin van mijn bezigheden.'

'Het bedrijf wordt gereorganiseerd, misschien ga ik op pensioen en krijg wat tijd vrij.'

'Het verminderend aantal priesterkandidaten heeft ons de kans gegeven om dit seminarie open te zetten voor groepen leken, geïnteresseerden in theologie en kerk.'

'Ik zocht een ander werkveld waardoor ik ook virtueel grootvader kon zijn van de studenten.'

THEMA 4

Ik verken mijn globe en bespreek met een ander welke elementen er naar voor treden.

Op een flap tekent elke deelnemer een mindmap over de elementen van zijn omgevingswereld, zijn globe. Een mindmap is een schematische voorstelling van de leefomgeving, zoals ieder ze op dit ogenblik zich voor de geest haalt.

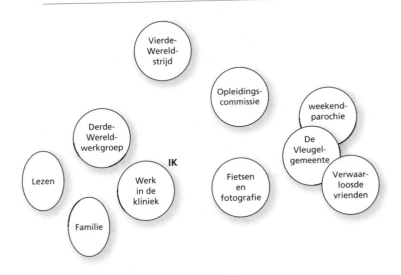

Daarna vormen we tweetallen en stellen we vragen. Welke van de cirkels weegt het zwaarst? Hoe komt het dat jij jouw vrienden zover van jouw 'ik' hebt staan? Wat betekent het werk voor jou? Op die manier scherpen we de situatie aan.

BLOK 1B (zondag)

THEMA 5
Mijn eerste activiteit van deze dag: ik speel jou de bal toe.
Eerst spelen we elkaar in een warming-up de bal toe. Nadien begroeten we elkaar met een kleine vraag en we maken een touwweb door elkaar een bol met touw toe te gooien en het touw vast te houden.

THEMA 6
Resten. Was er nog iets van gisteren dat me deze nacht heeft beziggehouden? Waren er nog onaffe geschiedenissen die eerst aandacht verdienden?
'Deze nacht is, na lange tijden, een droom uit mijn kindertijd weer opgekomen en ik vraag mij af of dit te maken kan hebben met het thema van gisteren.'

'Er is heel wat veranderd in het bestek van de laatste twintig jaar in de opvatting van mensen en van mijzelf over wat de betekenis is van geloof voor het individu en voor de samenleving. We zijn nu echt fragment in een puzzel.'

THEMA 7

We verkennen samen het vier-factorenmodel: de ik-wij-het driehoek in de globebol.

Uitleg aan de hand van flappen over de elementen. Aanvulling en vragen (zie Ineke van de Braak, 2001).

THEMA 8

Ik teken mijn taaktraject als vormingswerker.

Hoe we vormingswerker geworden zijn, zit voor elk van ons op een andere manier in onze levensloop verankerd. We hebben ook knelpunten, valkuilen en uitdagingen aangegeven.

'Ik besef steeds dat er zich boeken en citaten aan mij opdringen, als ons wordt gevraagd om iets te tekenen. Dat zal wel tekenend voor mij zijn.'

'Ik merk dat mijn perfectionisme een valkuil is.'

'Jarenlang heb ik in het onderwijs gestaan en daarnaast altijd heel wat individueel begeleidingswerk gedaan en weekendkapelaan geweest. Ik wil me nu voor deze zaak inzetten om anderen tot hun recht te laten komen.'

THEMA 9

Ik bekijk twee situaties waarin ik als groepswerker actief was. Een waarin het proces goed liep en een waarin ik op een probleem stuitte (steekwoorden).

Dit onderdeel heb ik hier wel geformuleerd, maar ik heb het uitgesteld. De actualiteit heeft voorrang gekregen.

Iemand meldt dat hij vindt dat we nu we het vier-factorenmodel hebben besproken even moeten stilstaan bij de manier waarop we in onze eigen cursussen die we aan kandidaat-pastores aanbieden, deelelementen van dit model hebben verweven. Voor hem maakt dit de voortgang onmogelijk. In de TGI-termen heet dit een storing: iets wat verhindert het thema te volgen. Zo'n storing komt eerst aan de orde.

We houden een hele uiteenzetting over hoe met 'ik' zowel de individuele cursist als ook het persoonlijk standpunt van ieder van ons als begeleiders in het geding is. Dat we 'wij' beter kunnen definiëren om misverstanden te verkomen. Dat er verschillende 'wij's mogelijk zijn. En wat is bij ons 'het'? Is dat de taak om pastores op te leiden? Zijn dat de verschillende onderdelen van ons programma? Op welke manier komen we tot de formulering van de thema's? En hoe zit het met de globe? We hebben het ook over de beleidsvragen voor het bisdom. In elk geval leeft het model en we kunnen verder gaan.

BLOK 2A (vrijdag)

THEMA 1

In de tussentijd is er wellicht veel gebeurd. Wat van hetgeen boven komt drijven, wil ik hier in het kader van 'me verbinden met TGI' laten zien?

In plenum: het lichaam toont hoe het zich voelt. Nadien feedback geven en krijgen over wat deze houding bij je oproept. Een van de deelnemers is gaan liggen met een krant over zijn gezicht, een ander zit in dezelfde houding als de denker van Rodin, met het hoofd op de kin. Een derde zwaait enthousiast met de handen. Uit de feedbackronde blijkt dat het gevoel dat het 'op de grond gaan liggen' zowel genieten als vermoeidheid en verdriet kan uitstralen naar de toeschouwers.

THEMA 2

Jouw vragen werpen hun licht op mijn probleemsituatie, onze interactie scherpt onze vragen.

A. schetst de situatie, B. stelt verhelderende vragen en C. let op de interactie en de reacties van de vrager en de spreker.

Interactie heeft vaak zowel een vormelijk aspect als een inhoudelijke component. Met deze oefening geeft A. een scherpe inhoudelijke analyse van wat de situatie die hij inbrengt en stelt B. verhelderende vragen. C. houdt in het oog hoe de interactie plaatsvindt, welk effect ze heeft, hoe de reacties komen, want vaak hebben deze hoe-aspecten gevolgen op inhoudelijk gebied.

THEMA 3

Een drieprikkel (melkstoeltje) is het stabielste stoeltje. We leggen onze vragen en onze kwaliteiten bij elkaar.

We geven verslag van de manier van werken in drietallen volgens de viskommethode waarbij eerst in het drietal is gesproken zonder dat de anderen zich ermee bemoeien. Deze basiscommunicatie hebben we verruimd naar de hele groep en er is aangevuld en gereageerd vanuit eigen beleving.

BLOK 2B (zondag)

THEMA 4

We tekenen samen hoe een levensnabije en dienstbare kerk eruitziet. Door jouw bijdrage kleur je mijn werkelijkheid en omgekeerd. Autonomie en onderlinge afhankelijkheid op één flap.
Deze titel van de tekening heb ik gekozen omdat hij in de informatiebrochure van de opleiding staat en al voor meningsverschillen heeft gezorgd. Samen tekenen op een vel papier begrenst de eigen autonomie door wat een ander met de tekening wil bereiken. Zo wordt de beïnvloeding voelbaar (J. Hendriks, 2002).

THEMA 5

Ieder heeft een hart. Ieder heeft kwaliteiten. Wat is het hart, de kern, van ieders kwaliteit? We betrekken ook de afwezigen in onze beschouwing.
Als de tekening er ligt, wil ik de aandacht van de deelnemers mobiliseren voor de mogelijkheden die ieder van de begeleiders heeft om de kwaliteiten van de cursisten te scherpen, zodat we met ons allen dichter komen bij de verwerkelijking van zo'n 'kerk'. Dat we de afwezigen betrekken in de vraagstelling werkt voor sommige deelnemers verwarrend, omdat wel aandacht uitgaat naar die afwezigen, maar zij toch niet kunnen reageren, waardoor ons eigen gesprek wat stilvalt.

THEMA 6

Van de 'lieve vrede bewaren' naar tevreden samenwerken. Wij zetten een eerste stap. Wie met het 'ei' zit, kan spreken.
Ik heb een ronde gehouden en daarbij heb ik gebruikgemaakt van een hard gekookt ei, het niet-interactie-ei (oefening van Ruth Cohn). Wie het heeft, mag spreken en het woord verder verlenen door dat ei door te geven. Iedereen kijkt terug op wat hij zich heeft voorgenomen en op wat er in het verloop van de sessies is bijgekomen. Ik wil de deelnemers ook uitdrukkelijk de kans geven om iets te doen met kritiek op elkaar.

BLOK 3A (vrijdag)

THEMA 1

Mijn gevechten binnen de vormingscommissie. Wat ik eronder houd bo-ven halen.

Wat ik aanvecht, schrijf ik op een rood kaartje en waar ik op hoop, schrijf ik op een groen kaartje. Ik bezorg ze aan diegene van wie ik nu of later een reactie verwacht.

Hier wordt de formulering van het thema sterk beïnvloed door een recente commissievergadering waar de gewijzigde tekst voor de infobrochure van de opleiding is besproken. Het is tot een botsing gekomen over vorm en inhoud en hoe die met elkaar te maken hebben. De vragen en opmerkingen zijn:

'Elk jaar geven we een informatiebrochure uit over onze opleiding. Als we hier nu zo bezig zijn met een proces, moeten we daarvan ook melding maken in onze brochure.'

'We moeten eerst weten hoe ons aanbod gaat veranderen. Willen we een cyclische cursus waar elk jaar mensen kunnen bijkomen of willen we een groep die twee jaar samen blijft?'

'Is ons programma van de cursus vooraf te maken of doen we dat samen met de cursisten binnen grote vaste kaders, want het bisdom wil toch zeker zijn van enkele basishoudingen en vaardigheden?'

'Hoe kunnen we vermijden dat de stage een apart onderdeel blijft?'

THEMA 2

Bronnen aanboren: Ruth Cohn op de video zelf aan het woord.

Deze invulling is ingegeven door de vragen die bij het thema 'de lieve vrede bewaren' naar voren zijn gekomen over het ontstaan en de basisgedachten van Ruth Cohn. Het lijkt me ook gunstig om haar 'rechtstreeks' het verband tussen haar levensgeschiedenis en de ontwikkelingsgeschiedenis van TGI te laten vertellen.

De eenvoudige manier waarop Ruth Cohn op deze video uiteenzet hoe de ontwikkeling van TGI is verankerd in haar geschiedenis van vluchtelinge uit Europa, spreekt aan. Haar rechtstreeks over haar maatschappelijke inzet horen praten, appelleert aan de kijkers. Het zet de deelnemers ertoe aan om naar hun eigen persoonlijke maatschappelijke verankering te kijken als bron voor hun vormingswerk. Onze levenservaring mag meer doorklinken in wat we cursisten vertellen. De samenspraak met onze cursisten kan op die manier leiden tot inhoudelijke veranderingen van het programma en van de structuur van de sessies.

BLOK 3B (zondag)

THEMA 3

Wat ons gevecht van toen te maken heeft met de werkelijkheid hier en nu. Wie weg was, is niet gezien.
Wij praten een afwezige bij over ons gevecht en de essentie van de videoband.
Daardoor ontstaat opnieuw een boeiend debat over de inhoud van de brochure.

THEMA 4

Waarvoor staan wij? Waar staan wij voor?
Door het verloop van de sessie dringt dit thema zich op. We hikken tegen verandering van de informatie in de brochure aan. Pas twee jaar later ontdekken we de manier waarop we dat het best kunnen doen. Tijdens de cursus zijn we het erover eens dat we het oneens zijn. Nu we dit thema hebben behandeld, hebben we wel een beter zicht op ieders uitgangspunten en dat is winst voor allen.

THEMA 5

Wat ik nog te zeggen of te vragen heb aan...
Dit is de laatste middag en omdat we met de actuele werkelijkheid van de commissie aan de slag zijn gegaan, is dit thema nodig om te kunnen afsluiten.

5.5 Het thema wordt leider

Ik heb mijn collega's gevraagd wat hen het meest en het minst heeft aangesproken en of ze toepassingen van TGI in hun (vormings) werk zien. Ook heb ik hun bereidheid gepeild om zich te scholen in de methode. Al mijn deelnemers hebben mij een evaluatie gegeven. De volgende besluiten springen eruit:
- de hele persoon kan bij het werken met TGI volledig tot zijn recht komen;
- het is heel intensief werken;
- dat de begeleider niet tussenbeide komt als het naar het oor-

deel van de deelnemers fout loopt, heeft een van de cursisten geërgerd. Dat had sneller kunnen gaan;
- TGI-scholing is wel belangrijk maar die moet dan in het kader van de vormingscommissie zelf worden gevolgd.

Dit project heeft mij sterk geholpen om me bewust te worden van de kracht van de pedagogiek van Ruth Cohn. Het is opvallend om te zien hoe een passend thema voorzitter van een sessie kan worden, bijna ondanks de begeleiding. We hebben dat het krachtigst gevoeld, toen we samen gingen tekenen. Toen zijn de grenzen die doorgaans door de agenda van een vergadering worden gesteld, weggevallen en we hebben ongehinderd door de tekening van een ander heengetekend.

Dat kwaadheid en bekvechten (omgaan met boosheid en angst) kunnen bijdragen tot betere resultaten werkt geruststellend.

5.6 Nieuw perspectief

Het cursusjaar na deze sessies zijn we met de opleidingscommissie begonnen aan een transformatieproces. Pastorale werkers vormen voor een levensnabije en dienstbare kerk is de uitdaging die voortkomt uit het gezamenlijk tekenen en schrijven op een grote flap. We weten dat we aan een lange tocht zijn begonnen. Die tocht schiet voor de een veel te traag op, voor de anderen verloopt hij te voortvarend. We willen een missie schrijven om op basis daarvan de informatiebrochure te stofferen. Inhoudelijk is er vaak een grote eensgezindheid. We zijn verbaasd over de woorden die op kaartjes verschijnen. Zo gelijkend, zo complementair. Voorbeelden hiervan zijn: interactief, levend leren, respect, groei stimuleren tot authentieke pastoraal werkers, ondersteunen-uitdagen-confronteren, levensnabij en dienstbaar, verantwoordelijkheid, voor de kerk van deze tijd waarbij creativiteit in denken en doen wordt gestimuleerd.

Tegelijk blijven we het oneens over de strategie. Welke dingen moeten onmiddellijk veranderen, welke kunnen we best nog wat uitstellen? Ik ben mij ervan bewust dat elk van mijn collega's het beste met de cursisten voor kan hebben, zonder mijn enthousiasme voor TGI te delen.

We spreken met elkaar over de inhoud van deze woorden en voegen ze als volgt aaneen:

- Hoe wij met onze cursisten hun evenwicht tussen autonomie en onderlinge afhankelijkheid kunnen helpen verkennen.
- Hoe wij mensen rechtop helpen staan en spirit delen.
- Hoe wij geloven op een nieuwe manier kunnen bevorderen.
- Hoe wij cursisten helpen groeien tot respectvolle professionele herders.

En toch... over het *hoe* zijn we niet eensgezind. Er leeft een ongenoegen in onze groep. We beginnen onze bijeenkomsten telkens met een rondje om de draad van de vorige bijeenkomst op te nemen, zodat elke collega zich persoonlijk uitspreekt en zich verbindt met de inhoud van de avond. Voor sommigen is dit tijdverlies en een lange weg. Ze willen een stappenplan uitwerken, met tussentijdse opdrachten. We stellen ook een bibliografie op, want we willen de boekenwijsheid ook niet verbannen. Anderen vinden het belangrijk om gaandeweg te zien waar we uitkomen. Daarom kiezen we uiteindelijk voor een externe begeleidster en hopen daarmee dat zij ook verschillen in denken en doen helder kan benoemen. Op die manier besluiten we om een cursus van twee jaren aan te bieden, waarmee elk jaar nieuwe cursisten kunnen starten. We spreken data af om met elkaar aan eigen thema's te werken, die te maken hebben met onze interacties. Voor de begeleiding hiervan doen we beroep op iemand die in een ander vormingsproces ook met de TGI- methode heeft gewerkt. Elk jaar belichten we drie aspecten van pastoraal handelen aan de hand van themabijeenkomsten en berichten uit de praktijk: hoe veranderingen in de samenleving onder invloed van de postmoderne cultuur invloed hebben op modellen van gemeenschapsopbouw (Guy Vanheeswijck, 2002).
In welke groepen bewegen pastoraal werkers zich? Pastoraal handelen in middelgrote en kleine groepen en vormen en technieken van het individuele pastorale gesprek.

Het eerste traject van onze cursisten is een tocht van 'troep' naar 'leergroep'. Aan de hand van vele vragen gidsen wij ze naar wat ze dat jaar willen leren. We zoeken naar hun eigen competenties. Elk van de deelnemers en de begeleiders wordt aangesproken om zowel 'leraar' als 'leerling' te zijn. De capaciteiten die we niet in huis hebben, zoeken we elders.

Als er één ding me bij dit traject duidelijk is geworden, dan is het dat begeleiden met TGI mensen helpt om kleine haalbare stappen te zetten in de verkenning van hun eigen, vaak gesluierde, mogelijkheden.

Literatuur

Van de Braak, Ineke. *TGI, een integratieve en waardengebonden benadering van leiderschap.* Tijdschrift voor themagecentreerde interactie, 2001, no 6.

Hendriks, J. *Op weg naar de herberg.* Bouwen aan een open kerk, voorbeelden, voorwaarden, aanpak, grenzen. Kok, Kampen, 2002.

Vanheeswijck, Guy. *Voorbij het onbehagen.* Het christendom in de postmoderne tijd. Davidsfonds, Leuven, 2002.

Paul Eylenbosch, geboren in Borchtlombeek in Vlaanderen in 1953. Studeerde economie en godsdienstwetenschap in Antwerpen. Werkt in de pastorale dienst van psychiatrisch centrum Bethanië in St. Antonius Zoersel. Is betrokken bij de vorming van pastores in het bisdom Antwerpen. In bezit van het TGI-diploma.

'Wat me boeit in het werken met TGI is de manier waarop deze vorm van begeleiden van de struikelstenen op een levensweg, parels voor de toekomst kan maken.'

Mail: paul.eylenbosch@emmaus.be

Tel. 0032-3-238.65.90

6   TGI en leiderschap in organisaties: richtinggevend kompas voor de manager

Ineke van de Braak

6.1   Inleiding

Er wordt veel gevraagd van leidinggevenden in deze maatschappelijke periode van elkaar snel opvolgende veranderingen. Door de economische onzekerheid worden zij steeds sterker aangesproken op het behalen van resultaten en liefst op korte termijn. Daarnaast zijn organisaties en teams open systemen geworden waarbij een goede samenwerking met andere afdelingen, andere organisaties of maatschappelijke instanties een belangrijke rol speelt. Ook hierin dragen leidinggevenden grote verantwoordelijkheid. Tegelijkertijd wordt van hen verwacht dat zij hun medewerkers motiveren en ruimte bieden voor zelfsturing van het team.

Een voorwaarde om aan deze eisen te voldoen is erkennen dat leidinggeven *een vak apart* is en dat wie leiding geeft over leiderschapskwaliteiten moet beschikken. Een goede redacteur of een goede verkoper is echter nog geen goede teamleider. Aandacht voor opleiding en ondersteuning van leidinggevenden is dan ook van groot belang. Ik heb in mijn praktijk als leidinggevende en als trainer in leiderschapstrainingen ervaren dat TGI concreet houvast kan bieden om deze leiderschapskwaliteiten te ontwikkelen.

In dit hoofdstuk schrijf ik op hoe ik in leiderschapstrainingen met behulp van de methodische aspecten van het TGI-systeem een concreet instrumentarium aanbied aan leidinggevenden om zichzelf te sturen en te ontwikkelen in de dagelijkse praktijk. In de eerste paragraaf beschrijf ik de kenmerken van TGI-leiderschap in organisaties en de doelstellingen die hieruit voortkomen voor leiderschapstrainingen. In de tweede paragraaf werk ik een van de methodische kenmerken van TGI, het vier-factorenmodel, uit als analyse-instrument. In het model zijn alle mogelijke factoren uit een dagelijkse arbeidssituatie in vier groepen ondergebracht. Vanuit dit perspectief heeft de leidinggevende verantwoordelijkheid ten aanzien van het vervullen van de taak (het), het samenwerkingsproces in het team (wij), het arbeidswelzijn van iedere individuele medewerker (ik) en de context van het team of de organisatie (globe)[2]. Een dergelijke analyse bevordert bij leidinggevenden de bewustwording van de factoren die in hun dagelijkse praktijk een rol spelen. In de derde paragraaf komt het werken met thema's aan bod. Het zoeken van *het thema* maakt integratie mogelijk van de verschillende factoren. Het maakt leidinggevenden duidelijk wat hen te doen staat en het geeft richting aan hun handelen. In de laatste paragraaf besteed ik aandacht aan de persoonlijke leerweg van leidinggevenden en trainers die de TGI-uitgangspunten in praktijk willen brengen.

6.2 TGI stimuleert bewustwording, authenticiteit en zelfsturing

6.2.1 Bewustwording

Leidinggevenden krijgen te maken met een enorme diversiteit aan factoren. Ze hebben te maken met klanten die hoge en soms irreële eisen stellen, medewerkers die niet opgewassen zijn voor hun taak, budgetten die zijn ingeperkt door het hoger management, een nieuw computerprogramma dat niet functioneert, een samenwerkingsconflict in het team, ze moeten deadlines halen, een fusie doorvoeren, enzovoort, enzovoort.

---

2 De uitwerking van het instrument staat in paragraaf 6 van dit hoofdstuk.

De belangrijkste taak van een leidinggevende is om te doen wat in zijn vermogen ligt om de effectiviteit van het team waar hij[3] verantwoordelijk voor is op een positieve manier te beïnvloeden. Dit uitgangspunt sluit aan bij de theorie van functionele benadering van leiderschap (Kuipers en Vogelaar, 1992). De kern van deze theorie is dat de leider in essentie twee functies moet vervullen. Hij houdt de ontwikkelingen of voortgang van zijn team, maar ook relevante externe ontwikkelingen, continu in de gaten (monitoring). En wanneer hij belemmeringen constateert voor een goed functioneren van zijn team, onderneemt hij actie om deze belemmeringen op te heffen (taking executive action). Hij zorgt ervoor dat het team zijn taak goed volbrengt en als team goed functioneert.

Om dit te realiseren moeten leidinggevenden zich bewust worden van de factoren die in hun actuele situatie aan de orde zijn. Waaraan moet ik aandacht besteden in het proces van het team? Welke rol speel ik als leidinggevende in deze situatie? Dit vraagt om bezinning en reflectie. Om dit proces te ondersteunen gebruik ik in leiderschapstrainingen het vier-factorenmodel als analyse-instrument. Door deze analyse te maken wordt de leidinggevende zich bewust van de concrete factoren die in zijn situatie een rol spelen, hoe deze onderling samenhangen en waar hij het eerst aandacht aan moet besteden.

6.2.2 Authenticiteit en zelfsturing

Deelnemers aan de training zijn niet als vanzelfsprekend bereid om dit bewustwordingsproces open aan te gaan. Allerlei factoren kunnen hen hierin belemmeren. Bijvoorbeeld:
*   angst om eigen zwaktes onder ogen te zien
*   rivaliteit met een andere deelnemer, waardoor zij zich niet willen laten kennen
*   verzet tegen de werkwijze omdat ze de training als een verplichting vanuit de organisatie zien.

Dergelijke weerstanden komen meestal voort uit onzekerheid en onderliggende angsten. Zeer cruciaal is dan ook dat een training zich afspeelt in een veilig klimaat. De analysemethode biedt hou-

---

3   Bijna overal waar ik in dit artikel *hij* gebruik, kan ook *zij* worden gelezen.

vast en daardoor ook veiligheid. De analyse is echter slechts een instrument. Van groot belang is dat ik als trainer de deelnemers door mijn attitude uitnodig tot deze openheid. Dat vraagt om een basishouding waarin de onderliggende waarden van het TGI-systeem herkenbaar zijn: respect, inlevingsvermogen en acceptatie en de bereidheid werkelijk te luisteren. In mijn TGI-opleiding heb ik dit als belangrijkste kapstok in mijn leerproces ervaren. In de basishouding van de TGI-opleiders werd de betekenis van deze waarden steeds duidelijker waardoor ik mij gaandeweg vrijer voelde om werkelijk te leren. Oprecht respect en acceptatie ervaren maakt de weg vrij om je persoonlijke belevingswereld te onderzoeken. Dit bevordert zelfacceptatie en autonomieontwikkeling. Het maakt het ook mogelijk om je belevingswereld te delen en je bewust te worden van de interactiepatronen waarvan je deel uitmaakt.

Ik vind een van de belangrijkste kenmerken van TGI-leiderschap in organisaties het bevorderen van echtheid en verantwoordelijkheid: dat wat er leeft onder ogen zien en vervolgens de moed hebben om te onderzoeken wat dit betekent voor de dagelijkse interacties en keuzes die je moet maken. Een cultuur realiseren waarin mensen werkelijk open en eerlijk durven te zijn en verantwoordelijkheid nemen om wat hen bezighoudt ook op de agenda te zetten, vraagt om een bepaalde leiderschapsstijl. TGI biedt hiertoe een aantal grondregels, de postulaten.

Met het eerste postulaat (Wees je eigen leider) moedigt de leidinggevende medewerkers aan om verantwoordelijkheid te nemen, zich niet afhankelijk op te stellen en de ruimte die er is om zelf keuzes te maken, te benutten. Het tweede postulaat (Storingen hebben voorrang) gaat over de realiteit dat gevoelens en gedachten die ons bezighouden de voortgang van een proces beïnvloeden. De leidinggevende stimuleert de medewerkers om hun gevoelens en gedachten te uiten. Op die manier is er steeds maximale informatie over de actuele situatie en wordt een storing omgezet in een kans om iets te leren. Dit betekent niet dat we alles wat in ons opkomt op elk moment kunnen zeggen. Dan komen we namelijk in de knoop met het eigen leiderschap. Dit impliceert immers dat ieder steeds vanuit verantwoordelijkheidsbesef (voor zichzelf, maar ook voor de taak, het samenwerkingsproces en de context) keuzes maakt over het uitspreken van een storing. Cohn noemt dit selectieve authenticiteit: *'Wees selectief in wat je zegt maar zorg ervoor dat datgene wat je zegt, oprecht is.'* Een klimaat dat authenticiteit en zelfverantwoordelijkheid bevordert, geeft een team de mogelijkheid om zichzelf te sturen, te leren en zich te ontwikkelen.

Ik probeer hier in leiderschapstrainingen op verschillende niveaus mee te werken:

- Door als trainer zelf deze waarden en uitgangspunten uit te dragen wil ik veiligheid bieden ter plekke en daardoor leerruimte creëren.
- Door de uitgangspunten te benoemen wil ik inzicht bieden in hoe je als leidinggevende leerprocessen kunt bevorderen.
- Door de waarden uit te dragen heb ik ook een modelfunctie: een voorbeeld zijn waardoor de uitgangspunten ook levend worden en de deelnemers zich deze eigen kunnen maken.

6.3 Het vier-factorenmodel als analyse-instrument

Het analyse-instrument is een overzicht van aandachtspunten, geformuleerd als vragen, vanuit vier verschillende perspectieven (zie paragraaf 6.6).

Ik gebruik het instrument soms impliciet: bijvoorbeeld als leidraad voor mijzelf in een coachingsgesprek of in een intakegesprek, voorafgaand aan trainingen.

Het is echter ook heel expliciet te gebruiken als reflectiemodel tijdens een training. Een eigen analyse maken nodigt de leidinggevende uit om de actuele situatie bewust vanuit de verschillende perspectieven van het vier-factorenmodel te bekijken. Dit bevordert bewustwording van knelpunten en factoren die leiden tot energieverlies voor zichzelf en voor het team. Deze bewustwording kan concrete aanknopingspunten bieden voor verdere ontwikkelingsstappen. Na de individuele analyse verdiepen we deze bewustwording, eerst door een nabespreking van de analyse in de groep, vaak gevolgd door coachingsgesprekken tussen de deelnemers onderling.

6.3.1 De analyse vanuit de vier factoren nader belicht

DE 'IKKEN'

Een leidinggevende heeft een verantwoordelijkheid ten aanzien van ieder teamlid als individu. Iedere medewerker is een uniek, autonoom individu met zijn eigen persoonlijke geschiedenis, ambities en drijfveren, angsten en onzekerheden, opleiding en ervaring, persoonlijkheidsstructuur, visie en interesses. Wanneer de leider zich bewust wordt van de individuele eigenschappen en de persoonlijke beleving van de medewerker, biedt dit mogelijkheden voor een goede afstemming tussen de individuele belangen en de organisatiebelangen. Dit bevordert de arbeidsmotivatie en daarmee ook de prestaties van de medewerker (v.d. Vlist et al., 1995).

De teamleider moet ook oog hebben voor de rol van de individuele medewerker in de teamdynamiek. Denk bijvoorbeeld aan rivaliteit tussen twee medewerkers, subassertief gedrag uit angst voor afwijzing door het team, dominantie vanuit behoefte aan erkenning of macht. Aandacht voor individuen betekent ook ruimte voor verschillen. De leidinggevende gaat steeds op zoek naar wat nu de specifieke mogelijkheden en talenten zijn van iedere medewerker ten aanzien van de gezamenlijke taak en het proces van het team en stimuleert de medewerker om ze te ontwikkelen.

> *Erik geeft leiding aan een redactieteam van een regionale krant. Door het maken van de analyse wordt hij zich ervan bewust hoeveel negatieve invloed Karin, een van de redactieleden, heeft op het team. Karin werkt al lang op deze redactie, ze is een kei in haar vak. Ze heeft een eigen rubriek en schrijft vaak het hoofdartikel. Vanuit haar inhoudelijke deskundigheid heeft ze vaak kritiek op het werk van collega's. Hoewel ze meestal goede argumenten aandraagt, heeft haar ongenuanceerde en soms kleinerende stijl van kritiek geven veel negatieve effecten. Erik merkt dat er steeds meer rivaliteit ontstaat tussen haar en enkele collega's. Een aantal jonge collega's ziet hij juist steeds onzekerder worden. Erik vraagt zich af of de taak die Karin nu vervult, haar inhoudelijk nog wel voldoende uitdaging biedt. Hij besluit een gesprek met haar aan te gaan.*

Om zichzelf en het team te kunnen sturen is het natuurlijk van groot belang dat leidinggevenden behalve dat ze aandacht geven aan de individuele teamleden zich bewust worden van hun persoonlijke beleving en hun aandeel in de actuele situatie. In de analyse komen deze aspecten het eerst aan bod om de leidinggevende bewuster te maken van de bril waardoor hij naar de andere factoren kijkt. In de praktijk blijkt deze fase vaak al heel verhelderend te zijn.

Hans geeft leiding aan de afdeling juridisch advies van een verzeke-
ringsmaatschappij. Hij werkt al twintig jaar voor deze organisatie,
waarvan tien jaar in een leidinggevende functie. Hij heeft altijd zeer
energiek en met veel plezier gewerkt. Een jaar geleden is hij een
half jaar ziek thuis geweest, na een acuut hartinfarct. Hans is nu
weer aan het werk, maar nog niet fulltime. Hij voelt zich in zijn da-
gelijks werk onzekerder dan voor zijn ziekte. Hij heeft moeite om
zich te concentreren en alles kost hem meer energie. Net in deze fa-
se ondergaat de organisatie een grote verandering. Er staat een ver-
huizing naar een nieuw gebouw voor de deur. Na deze verhuizing
wordt ook vanuit een nieuw concept gewerkt, onder andere met
flexibele werkplekken. Hans ziet hier tegenop. Hij merkt dat ook an-
dere medewerkers van zijn afdeling hier tegenop zien. De organisa-
tie verwacht van hem dat hij deze medewerkers weet te motiveren
voor de nieuwe werkwijze. Hij voelt zich op dit moment hiertoe niet
goed in staat door zijn eigen onzekerheid. Hij neemt zich voor hier-
over een gesprek aan te vragen met zijn eigen leidinggevende.

HET 'WIJ'

Samenwerken gaat niet vanzelf. Om tot een effectieve samenwerking te komen is er een cultuur nodig waar iedereen tot zijn recht
kan komen. Een cultuur waarin medewerkers elkaar serieus nemen, stimuleren en aanspreken op kwaliteiten, niet op zwaktes.
Een cultuur waarin ze open staan voor elkaars gezichtspunt. In
zo'n cultuur kan een team profiteren van de rijkdom van samenwerking. Een leidinggevende kan deze samenwerking op verschillende manieren beïnvloeden. In de eerste plaats is hij een belangrijk model voor de manier van omgaan met elkaar. De manier
waarop hij medewerkers aanspreekt of de wijze waarop hij over
anderen spreekt, heeft invloed op de onderlinge omgangsvormen.
Daarnaast heeft hij natuurlijk invloed door de interventies die hij
doet. Zo kan hij door zijn manier van leidinggeven ervoor zorgen
dat iedereen aan bod komt tijdens een vergadering. Hij kan zijn
medewerkers expliciet vragen om zich te verplaatsen in het perspectief van de ander, enzovoort. Het is belangrijk dat hij aspecten die met samenwerking te maken hebben, bespreekt. Hiermee
benadrukt hij het belang van constructieve samenwerking en
maakt hij ruimte om hierin te investeren.

Brigitte maakt zich zorgen over de sfeer in het team, waarvan zij
teamleider is. Enkele maanden geleden is er een conflict geweest

tussen twee collega's. Brigitte dacht dat dit voldoende was uitge-
sproken, maar merkt dat er nog steeds spanning in de lucht hangt.
Op de teamvergadering ontstaan over de kleinste vragen heftige
discussies. Het lijkt er ook op dat het team het idee heeft dat ze voor
de een of de ander moeten kiezen. Het lijkt uit elkaar te vallen in
twee subgroepen. Brigitte heeft de indruk dat de medewerkers in de
wandelgangen veel over elkaar spreken en elkaar niet meer recht-
streeks aanspreken. Zij besluit op een volgende teamvergadering
haar zorgen openlijk te bespreken.

HET 'HET'

Het 'het' is de taak of opgave van het team of de organisatie, dat
wat een aantal individuen in een bepaalde situatie gemeen heeft.
Een team in de jeugdhulpverlening heeft als gemeenschappelijke
taak de zorg voor jongeren met gedragsproblemen. Voor de medewerkers van een bedrijf staat het maken van een bepaald product of de kwaliteit van een bepaalde vorm van dienstverlening
centraal.

Wanneer deze opgave vorm krijgt in een overkoepelend thema,
dat voor iedereen helder en duidelijk is, dat inspirerend en uitdagend is, rekening houdt met de mogelijkheden en eisen van de
omgeving en dat zo is geformuleerd dat iedereen zich ermee kan
verbinden, kunnen we spreken van een centrerend thema. Een
goede visie en missie van een organisatie voldoet aan deze criteria. Een dergelijk overkoepelend thema zorgt ervoor dat doelstellingen van een organisatie verbonden zijn met de mensen die er
werken en met de omgeving én dat collectiviteit, externe contacten of persoonlijke aangelegenheden nooit een doel op zichzelf
worden.

De leidinggevende bekijkt regelmatig met de betrokken medewerkers of er sprake is van gedeelde visie en doelen. Een voor alle medewerkers heldere visie waarmee iedereen zich kan verbinden,
kan ook werkelijk richting geven aan het dagelijks handelen van
de medewerkers. Dan wordt wat je doet (*theory in use*) hetzelfde
als wat je zegt dat je doet (*espoused theory*, zie Argyris, 1992). De
leidinggevende nodigt de medewerkers als het ware uit een contract met elkaar aan te gaan over wat hen de komende tijd of periode staat te doen.

Paul geeft leiding aan een stafafdeling van een IT-bedrijf. De afde-
ling opereert op overkoepelend niveau en biedt expertise aan ter

ondersteuning van de centrale directie en de diverse divisies. Paul heeft in twee jaar tijd deze afdeling op de rails gezet. Tijdens het intakegesprek toonde hij mij met enige trots zijn afdelingsplan met een heldere schets van het profiel van de afdeling, de missie, de personele invulling, de aandachtsgebieden en geplande activiteiten. Zijn probleem is dat de stafleden niet samenwerken. Zij zijn allemaal specialisten op hun vakgebied. Hoewel hij in zijn missie duidelijk heeft verwoord dat zij op teamniveau multidisciplinair gaan samenwerken om beleidsvoorbereidend werk te doen voor de centrale directie, blijkt hier in de praktijk niet veel van terecht te komen. Sterker nog, er gaan steeds meer geluiden op dat de stafleden zich afvragen waarom zij eigenlijk een team moeten vormen met elkaar. In de nabespreking van de analyse stelt een aantal andere deelnemers kritische vragen over zijn missie. Hierdoor realiseert hij zich dat de stafleden zijn missie niet delen en dragen. Hij overweegt nu om een dag te organiseren voor de stafleden, onder leiding van een externe begeleider over het thema: wat zien wij als onze gemeenschappelijke opgave?

DE GLOBE

De dynamiek van een team ontstaat in wisselwerking met wat we vanuit TGI de globe noemen, de omgeving waarin het team opereert. De leidinggevende moet zich dan ook bewust zijn van deze omgevingsfactoren:

- de directe werkomgeving, de ruimte, de indeling van meubilair, beschikbare materialen, beschikbare tijd, enzovoort.
  Allereerst zijn er alle eisen die aan de werkomgeving worden gesteld vanuit het welzijn van de medewerker (arbo-criteria). Daarnaast heeft de werkomgeving ook veel invloed op de efficiëntie en effectiviteit van het productieproces of de dienstverlening, de manier waarop de ruimte is ingericht, de apparatuur die wordt gebruikt, de materialen die beschikbaar zijn. Ook de verhouding tussen taakbelasting en beschikbare tijd speelt hier een rol.
- kenmerken van de organisatie en de maatschappelijke structuur
  Een team is ingebed in een organisatie met een eigen visie, strategieën, cultuur en structuren. De leidinggevende moet binnen en buiten de organisatie de wegen bewandelen die nodig zijn om de juiste voorwaarden te scheppen voor de taak die zijn team moet realiseren. Daarnaast spelen maat-

schappelijke ontwikkelingen zoals bijvoorbeeld plannen van de overheid, arbeidsverhoudingen, de arbeidsmarkt of ontwikkelingen in de markt een rol. Welke stakeholders (werknemers, leveranciers, afnemers, investeerders en leningverstrekkers, crediteuren, debiteuren en de overheid) zijn van belang? (Ansoff in Ackoff, 1981)

Angela geeft leiding aan de afdeling Vormgeving van een tijdschrift. De vraag naar het tijdschrift is in de afgelopen jaren flink toegenomen en de oplage is in korte tijd verdubbeld. De afdeling is dan ook flink uitgebreid. Het probleem is echter dat ze op dit moment over onvoldoende computers beschikken. Niet iedere ontwerper heeft een computer en van de computers die er zijn, is een aantal van zeer slechte kwaliteit. Dit levert veel extra werkdruk op: er gaat regelmatig iets mis en de medewerkers moeten voortdurend met elkaar overleggen, of er een computer beschikbaar is. Omdat zij de tijd moeten verdelen, moeten ze al regelmatig 's avonds werken. Hoewel Angela weet dat het bedrijf echt moet bezuinigen, besluit ze het probleem toch opnieuw aan de orde te stellen in het managementteam.

- *de persoonlijke omgeving van de medewerker*
  De leidinggevende heeft ook te maken met de persoonlijke omgeving van de medewerker, bijvoorbeeld met diens belangrijke familiegebeurtenissen of de balans tussen zijn werk en zorgtaken.
- *de geografisch-historische werkelijkheid*
  De leidinggevende heeft te maken met het politiek klimaat en de wisselwerking daarvan met maatschappelijke organisaties. Hier is sprake van de contextuele omgeving. Die bestaat uit achtergrondvariabelen die de organisatie beïnvloeden. Denk bijvoorbeeld aan heersende waarden en normen, opleidingsmogelijkheden, sociale verhoudingen, technologie, politiek en wet en religie (naar Terpstra, 1978).
- *het universum en universele verbondenheid*
  Op een verantwoordelijke manier vormgeven aan universele verbondenheid was een van de grote drijfveren van Ruth Cohn om TGI te ontwikkelen. Ik denk dat het een uitdaging is voor leidinggevenden om in hun dagelijks handelen deze universele verbondenheid mee te nemen in de keuzes die zij maken. Hoe kunnen wij maatschappelijke doelstellingen

waarmaken zoals goed onderwijs, gezondheidszorg of bedrijfsvoering vanuit universele waarden? Dat is een uitdaging die in de huidige tijd, waarin wij dagelijks worden geconfronteerd met de negatieve gevolgen van globalisering, steeds meer betekenis krijgt.

6.3.2 Dynamisch balanceren tussen ik, wij, het en globe

De kern van TGI is dat leidinggevenden leren om te balanceren tussen de vier factoren ik, wij, het en de globe, zodat er een levendige situatie ontstaat, waarin steeds mogelijkheden zijn om te leren in de dagelijkse praktijk. Ze kunnen dit bereiken door al deze factoren tot hun recht te laten komen en op het juiste moment aandacht te geven. Dat noemen we in TGI ook wel dynamisch balanceren. Te veel of te weinig gewicht geven aan een van de factoren in een organisatie belemmert het levendige ontwikkelingsproces en de effectiviteit van het team. Enkele voorbeelden:

TE VEEL GEWICHT OP HET HET
Wanneer een leidinggevende sterk taak- en resultaatgericht is, geeft hij te weinig aandacht aan het arbeidswelzijn van de medewerkers en de eisen die de taak stelt aan het samenwerkingsproces. Het gevolg kan zijn dat medewerkers niet meer aan de hoge eisen kunnen voldoen, niet tot hun recht komen, niet meer gemotiveerd zijn of dat er samenwerkingsconflicten ontstaan. Hierdoor gaat toch veel energie verloren waardoor wellicht uiteindelijk ook de resultaten zullen teruglopen.

TE VEEL GEWICHT OP HET WIJ
In een team dat niet taakgericht is en geen gemeenschappelijk doel voor ogen houdt, draaien de individuen slechts om elkaar heen. Te veel aandacht naar het wij, bijvoorbeeld door een sterk beroep op consensus en saamhorigheid, kan te weinig ruimte geven voor afwijkende meningen. De groep heeft een verstikkend effect op de groepsleden of valt uiteen. Een duidelijke visie en gemeenschappelijk doel verbindt de teamleden én geeft richting aan de dagelijkse interacties.
Een dergelijk team is vaak sterk naar binnen gericht en heeft te weinig oog voor kansen, mogelijkheden en verwachtingen van de omgeving. Het draait in het luchtledige en vindt geen houvast of loopt voortdurend tegen obstakels op, die het niet heeft voorzien.

TE VEEL GEWICHT OP DE GLOBE

Indien de leidinggevende echter te veel gericht is op de omgeving of voortdurend wil voldoen aan de eisen en verwachtingen van opdrachtgevers, kan de werkdruk voor het team té hoog worden. Een leidinggevende die voortdurend naar samenwerkingsmogelijkheden met andere organisaties zoekt, kan daardoor de ontwikkeling van interne kwaliteiten verwaarlozen.

TE VEEL GEWICHT OP HET IK

De leidinggevende die als individu te dominant aanwezig is, geeft zijn medewerkers te weinig ruimte. Vaak gaat dit ten koste van de teamdoelen. De medewerkers komen niet tot hun recht en kunnen zich onvoldoende ontwikkelen. Zij spreken interessante ideeën, die de taak kunnen verrijken, niet uit.

Ook individuele medewerkers die te dominant aanwezig zijn, kunnen met dit gedrag rivaliteit, onzekerheid of irritatie oproepen.

Zo zijn er talloze voorbeelden te bedenken waarom het van belang is om ervoor te zorgen, dat de vier factoren met elkaar in evenwicht zijn. Dit betekent echter niet dat zij voortdurend, op elk moment in balans moeten zijn! Elke situatie is in feite zelfs voortdurend uit balans. Steeds staat een van de vier factoren op de voorgrond. Het ene moment werken we hard door aan een taak die voor een bepaalde deadline klaar moet zijn, het andere moment besteden wij aandacht aan een conflict tussen twee medewerkers. Soms staat een reorganisatie centraal, in een andere fase een nieuw product dat we ontwikkelen of het anticiperen op een nieuwe subsidieregeling.

Wanneer een leidinggevende de intuïtie ontwikkelt om op het juiste moment aandacht te geven aan een bepaalde factor, bevordert dit de effectiviteit van het team of de organisatie.

6.4 Het vinden van het thema

Het maken van de analyse bevordert het inzicht bij de leidinggevende in hoe de betreffende factoren een rol spelen in de actuele situatie en vooral hoe het onderling verband tussen de factoren is. Hij kan zich hierbij vragen stellen als:

- hoe beïnvloedt de moeilijkheidsgraad van de taak het samenwerkingsproces? (het-wij)
- wat is het effect van deze persoonlijke dynamiek op de teamwerking? (ik-wij)
- welke competenties vraagt de ontwikkeling van dit product van de medewerkers? (het-ik)
- hoe kunnen we mogelijke afnemers voor dit product werkelijk bereiken? (het-globe)
- wat is mijn rol in dit samenwerkingsconflict? (ik-wij)

Het inzicht in de vier factoren en hun onderlinge samenhang is voor de leidinggevende een belangrijke basis om verantwoordelijkheid te nemen en een volgende stap in zijn ontwikkeling en de ontwikkeling van het team mogelijk te maken. We nodigen de leidinggevende uit na zijn analyse op zoek te gaan naar het actuele thema in deze situatie. Dit thema geeft richting in de veelheid van factoren waarmee een leidinggevende in een team te maken krijgt. Het maakt duidelijk voor welke opgave hij staat en geeft ook antwoord op de vraag: 'Wat staat mij en mijn team te doen als we werkelijk recht willen doen aan de taak die we moeten realiseren, aan ieder teamlid als persoon (inclusief mezelf), aan ons samenwerkingsproces en aan onze context?' Met het thema zorgt hij voor contact en contract. Een goed thema bevordert de ontwikkeling van de leidinggevende en van het team. Het sluit aan bij de actuele situatie en is tevens stimulerend om een stapje verder te zetten. Het thema bevindt zich dus in de zone van naaste ontwikkeling (vergelijk Vygotsky in Leenders, 1989). Afhankelijk van de actualiteit kan de leidinggevende een thema formuleren voor zichzelf, voor een gesprek met een andere persoon of voor het team.

Enkele voorbeelden:

EEN PERSOONLIJK THEMA

- De waarden die ik belangrijk vind in mijn werk en de mogelijkheden die deze functie biedt. Zit ik op de goede plek?
- Balanceren tussen confrontaties vermijden of aangaan. Hoe doe ik dat en wat is het effect?

THEMA TUSSEN DE LEIDINGGEVENDE EN EEN MEDEWERKER

- Hoe vinden wij een goed evenwicht in jouw behoefte aan ruimte voor eigen invulling en mijn behoefte aan meer zekerheid over het eindresultaat?

- Welke mogelijkheden zijn er om je in een nieuwe functie, met nieuwe kansen én onzekerheden te ondersteunen?

THEMA VOOR HET TEAM

- Naar besluitvormingsprocessen die democratisch én daadkrachtig verlopen. Wat kan anders?
- Samen meer mogelijkheden; welke andere organisaties kunnen we aanspreken om in dit project samen te werken?

We moeten een actueel thema altijd in verband zien met het overkoepelend thema, de missie van het team. Een gesprek over de manier waarop de samenwerking verloopt, is zinvol voorzover dit thema het uitvoeren van de gemeenschappelijke taak beïnvloedt. Om goed te kunnen samenwerken hoeven de teamleden niet allemaal vrienden van elkaar te zijn. Het thema zorgt er op deze manier voor dat er geen irreële verwachtingen ontstaan en dat collectiviteit nooit een doel op zichzelf wordt.

6.5 Een persoonlijke leerweg

De methodische handreikingen en de kenmerken van de basishouding van TGI zijn relatief eenvoudig uit te leggen. Werkelijk op deze manier leidinggeven vraagt echter vaak om een intensieve leerweg, ook in de persoonlijke ontwikkeling van de leider.
Allereerst is van belang dat de leider zijn eigen leiderschap ontwikkelt. Het oppakken van thema's vraagt om de moed om werkelijk verantwoordelijkheid te nemen om te doen wat moet worden gedaan. Bovendien moet de leider zicht hebben op zijn persoonlijke thema's. Natuurlijk loopt een aantal van deze processen onbewust, maar een leidinggevende die zich opstelt als lerend individu, zal zich steeds beter realiseren hoe zijn persoonlijke thema's een rol spelen in de dagelijkse interacties. Een bijzonder kenmerk van het TGI-systeem wat betreft de houding van de leidinggevende is het participerend leiderschap, waarbij de leidinggevende als persoon optimaal deelneemt aan het proces. Hij laat zich als het ware kennen. Openheid en echtheid van de leidinggevende stelt het goede voorbeeld en bevordert arbeidsmotivatie (Lemaire, 2001).
Behalve dat hij persoonlijke kracht en echtheid dient te ontwikkelen, moet een leider beschikken over inzicht en vaardigheden

om zowel taak-, als mens-, als contextgericht te kunnen werken. Leidinggevenden die in een leiderschapstraining bij elkaar komen, verschillen natuurlijk sterk in de mate waarin zij deze kwaliteiten reeds hebben ontwikkeld. De een is sterk in het begeleiden van groepsdynamische processen in het team, de ander is zich juist heel goed bewust van de mogelijkheden in de wisselwerking met de context en weet deze kansen ook te benutten. Sommige leidinggevenden voelen zich zeker in het aansturen van 'moeilijke medewerkers', terwijl anderen zich hierin moeilijk kunnen handhaven door persoonlijke angsten.

Het werken met het vier-factorenmodel als analyse-instrument in een leiderschapstraining biedt de mogelijkheid om aan te sluiten bij het niveau en de actualiteit van iedere deelnemer. Het nodigt hen uit een volgende stap in hún ontwikkeling te zetten.

Uiteraard is het analysemodel slechts een instrument. Het behoeft geen betoog dat dit alleen de gewenste resultaten zal opleveren, wanneer het op het juiste moment wordt ingezet in een totaal opleidingsprogramma en wordt ondersteund door gepaste procesinterventies van de trainer. De mate waarin de trainer zich de onderliggende waarden en uitgangspunten heeft eigen gemaakt, zal dit proces bevorderen.

6.6 Instrument teamanalyse

STAP 1 SITUATIESCHETS
Geef een korte schets van de actuele situatie van het team.
(samenstelling, plaats in de organisatie, taakstelling, bijzondere gebeurtenissen, actuele vraagstellingen, enz.)

STAP 2 ANALYSE
(alle vragen dienen ter ondersteuning bij het denken over actuele ik-, wij-, het- en globefactoren in je eigen situatie. Sommige vragen zullen wellicht helemaal niet van toepassing zijn en misschien ontstaan er nieuwe factoren. Volg je eigen gedachten!)

Ik-vragen vanuit je eigen perspectief (in dit team)
- Welke rol/verantwoordelijkheid heb jij in dit team?
- Hoe is het met jouw persoonlijke arbeidsvreugde en -motivatie?
- Wat zijn jouw persoonlijke ambities voor de komende tijd?

- Welke waarden vind jij belangrijk in je werk?
- Wat is overwegend jouw gevoel in dit team?
- Welke van jouw eigenschappen (persoonlijke kenmerken, opleiding, competenties...) zijn lastig in de huidige situatie?
- Welke van jouw eigenschappen zijn helpend?

Ik-vragen / perspectief van de betrokken medewerkers
- Welke teamleden zijn op de voorgrond, welke meer op de achtergrond aanwezig?
- Wie speelt een rol in de actuele situatie, positief of negatief?
- Welk aandeel heeft hij in de actuele situatie?
- Wat zou de motivatie/drijfveer achter dit gedrag kunnen zijn?
- Hoe zou hij zich voelen bij deze situatie?
- Welke eigenschappen (persoonlijke kenmerken, opleiding, competentie, privé-omstandigheden...) van deze medewerker maken het moeilijk?
- Welke eigenschappen van deze medewerker zijn helpend?

Wij-vragen
- Hoe zou je de sfeer in dit team beschrijven?
- Hoe zijn de onderlinge omgangsvormen?
- Hoe is het onderlinge vertrouwen/collegialiteit?
- Hoe gaat het team om met onderlinge verschillen?
- Welke waarden en normen spelen een belangrijke rol?
- Hoe gaat het team om met concurrentie en rivaliteit en conflicten?
- Hoe is macht en invloed verdeeld?
- Hoe open/gesloten is het team?

Het-vragen
- Hoe duidelijk, uitdagend en inspirerend is de visie van de organisatie?
- Wordt deze visie gedragen door de teamleden?
- Hoe duidelijk, uitdagend en inspirerend is de taakstelling van het team?
- Hoe is 't commitment van de teamleden ten aanzien van deze taakstelling?
- Hoe duidelijk, uitdagend en inspirerend zijn de concrete doelstellingen?

- Hoe is het commitment van de teamleden ten aanzien van deze doelstellingen?
- Hoe effectief is het team in het realiseren van de taak en de concrete doelstellingen?

Globe-vragen
- Zijn er factoren in de concrete werkomgeving (materialen, ruimte, middelen, tijd...) die een rol spelen? Welke?
- Zijn er omstandigheden op organisatieniveau die een rol spelen?
- Zijn er cultuurkenmerken van de organisatie die een rol spelen?
- Of structuurkenmerken (functies, verantwoordelijkheden, bevoegdheden, overlegstructuren...)?
- Zijn er andere teams/afdelingen die een rol spelen?
- Zijn er relevante maatschappelijke ontwikkelingen?

Een nieuw thema formuleren
In de analyse heb je de actuele factoren met betrekking tot jezelf, de individuele teamleden, het samenwerkingsproces van de groep, de taak en de context van het team onderzocht. Wat je nu invalt om te doen, pak je op als thema. Stel jezelf de volgende vragen:
- Welk aspect lijkt mij in dit team, in deze fase nu het meest cruciale? Voor welke opgave sta ik staan we?
- Is dit iets wat ik zelf moet aanpakken, aan de orde stellen bij een bepaalde medewerker/collega of met het gehele team? (Dit kan ook én-én zijn, met verschillende thema's.)
- Hoe zou ik het thema zo kunnen formuleren dat het:
  - uitnodigend is voor mijzelf en betrokken medewerkers,
  - uitdagend en inspirerend is,
  - positief is geformuleerd,
  - voldoende veilig is en geen angst of weerstand oproept.

Vul hieronder de nieuwe thema's in

A *Mijn persoonlijk thema is:*

B *Thema tussen mij en een medewerker / collega / leidinggevende luidt:*

C *Thema voor het team is:*

Literatuur

Ackoff, R.L. *Creating the corporate future.* John Wiley & Sons, New York, 1981.
Argyris, C. *On organizational learning.* Blackwell, Oxford UK & Cambridge USA, 1992.
Hackman, J.R. & Walton, R.E. (1986). *Leading groups in organizations.* In: Goodman, P.S. & Ass. (ed.), *Designing effective workgroups.* Jossey-Bass. San Francisco,1986.
Kuipers, H. & Vogelaar, A. *Leidinggeven aan teams.* In: R. van der Vlist, H. Steensma, A. Kamperman & J. Gerrichhauzen (red.). *Handboek leiderschap in arbeidsorganisaties.* Utrecht: Lemma; Open Universiteit, Heerlen, 1992.
Leenders, F. *Breukvlakken en verbindingslijnen in de ontwikkeling.* In: Dieleman, A. et al. *Pedagogiek van de levensloop.* Open Universiteit, Heerlen, 1989.
Lemaire B. *Partizipierend Leiten* – wem oder was nützt der vorprogrammierte Rollenkonflikt? In Hahn K., Schraut M., Volker Schütz K., Wagner C. (Hg.). *Kompetente LeiterInnen,* Beiträge zum Leitungsverständnis nach TZI. Matthias Grünewald Verlag, Mainz, 2001.
McGrath, J.E. *Leadership behavior: Some requirements for leadership training.* U.S. Civil Service Commission, Washington, 1962.
Terpstra, V. *The cultural environment of international business.* South-Western Publ. Co. Ohio, 1978.
Vlist, R. van der, Steensma, H., Kamperman, A., Gerrichhauzen, J. (red.) *Handboek leiderschap in arbeidsorganisaties.* Utrecht: Lemma; Heerlen: Open Universiteit, Heerlen, 1995.

Ineke van de Braak (1963) is arbeids- en organisatiepsycholoog en TGI-gediplomeerd. Werkzaam als coach, adviseur en opleider, gericht op het bevorderen van de persoonlijke effectiviteit van medewerkers, teambuilding en organisatieontwikkeling. Werkervaring in zowel het bedrijfsleven als in overheidsorganisaties. Bijzondere interesse in leiderschapsthema's en thema's met betrekking tot de arbeidsmotivatie van medewerkers. TGI-diploma

7 Het zuur en het zoet van thema-gecentreerde interactie

TGI binnen groepssupervisie

Monique D'hertefelt

7.1 Inleiding

Ik breng verslag uit van een evolutie die vijf jaar geleden van start is gegaan, toen ik mij inschreef voor een opleiding tot groepssupervisor[4]. Later heb ik de opleiding tot TGI-trainer gevolgd.

In de volgende paragraaf verduidelijk ik hoe ik groepssupervisie heb leren kennen en wat de opleiding voor mij heeft betekend. Ik beschrijf wat ik daarbij relevant vind om mijn leerproces als groepssupervisor gedurende de voorbije tweeënhalf jaar te begrijpen. Ik schets mijn eerste ervaringen met twee groepen studenten in het kader van de Voortgezette Lerarenopleiding voor Leraren Buitengewoon Onderwijs (Vlobo) in Vlaanderen. Deze ervaringen hebben mij de impuls gegeven om experimenterend en in onderzoekend gesprek met collega-supervisoren te sleutelen aan de supervisiemethodiek die mij tijdens mijn supervisieopleiding is aangeboden.

Ik beschrijf in paragraaf 7.3 hoe ik het verlaten van het vertrouwde supervisiepad heb beleefd, het zuur en het zoet dat ik heb geproefd sinds het moment waarop ik een en ander toch wel anders wilde aanpakken. Mijn TGI-opleiding heeft hierbij een grote rol gespeeld.

In de volgende paragraaf blik ik terug op deze evolutie. Waarin verschilt mijn aanpak vandaag van hoe ik oorspronkelijk werkte? Wat is volgens mij het effect hiervan en hoe verklaar ik dit effect? Ik stel ook een aantal concepten en uitgangspunten van het TGI-

---

4   In België heeft de ontwikkeling van supervisie met name tot groepssupervisie geleid in tegenstelling tot de situatie in Nederland waar supervisie voornamelijk een één-op-één situatie is.

systeem scherp en verduidelijk de meerwaarde van het systeem voor de supervisiemethodiek voor mij.

7.2 Vanwaar ik vertrok

Eind jaren negentig schreef ik mij in voor een tweejarige opleiding tot groepssupervisor in het onderwijs. Parallel aan die opleiding startte ik met groepssupervisie voor directeuren basisonderwijs die minimaal drie jaar in functie waren. Zo koppelde ik leren over supervisie aan oefenen als supervisor. (Ik gebruik de termen groepssupervisie en supervisie, groepssupervisor en supervisor door elkaar. In realiteit gaat het wat mij betreft steeds over het werken met een groep en dus over groepssupervisie. De groepsgrootte varieert in mijn praktijk van vier tot zeven deelnemers.) De ingrediënten binnen de supervisieopleiding waren: uitwisseling van ervaringen met supervisie, literatuurstudie, supervisie en intervisie rond het eigen begeleidingswerk en het expliciteren van het eigen leerproces. Supervisie werd in de opleiding omschreven als:

'Een methode waarmee systematisch leren aan ervaring wordt beoogd, meer bepaald aan praktijkervaring, die door de mensen wordt opgedaan in hun concreet beroepsmatig handelen. Er wordt op geregelde tijdstippen een leergesprek georganiseerd, waarin werkervaringen door de betrokkene (op dat moment degene die supervisie krijgt) worden nageproefd. Dit gebeurt onder deskundige begeleiding van een supervisor. Wie supervisie krijgt, bereidt zich persoonlijk op dit leerzaam samenspreken voor en verwerkt het achteraf. Dit alles moet mogelijk maken (handelingsgeoriënteerd leren) dat hij zich beter voelt in zijn beroepsvel en dat zijn beroepsmatig functioneren wordt geoptimaliseerd.' (Stevens J., 1998)

Het binnenbrengen van het ervaringsmateriaal en van de persoonlijke verwerking van het leergesprek (lees: de supervisiesessie) gebeurt in mijn opleiding via schriftelijke weg. Concreet wordt er gewerkt met twee soorten verslagen.

Er is het werkverslag waarin een groepslid een concrete ervaring uit zijn werksituatie beschrijft, waarbij hij wordt geconfronteerd met een probleem op het werk. Dat kan te maken hebben met hemzelf, met zijn opdracht of met de context waarin hij werkt. Zo'n probleem wijst steeds op een discrepantie tussen de realiteit en zijn gedrag. Bij elke supervisiesessie komt één werkverslag ter tafel.

Een ander soort verslag is het terugblikverslag. Daarin verwerkt het groepslid de sessie zowel inhoudelijk (eigen formulering van het besproken probleem; relevantie en leerwinst voor zijn beroepsmatig handelen) als naar beleving. (Hoe heb ik gefunctioneerd tijdens de sessie? Wat waren spannende, deugddoende momenten? Wat leert mij dit over mezelf?)

Tijdens de supervisiesessie worden alle terugblikverslagen van de vorige sessie besproken. De supervisor en de deelnemers ontvangen zowel werkverslag als terugblikverslagen vóór de supervisiesessie; er wordt verwacht dat ze grondig zijn gelezen. Mijn supervisiesessies waren als volgt gestructureerd: eerst werd anderhalf uur besteed aan de bespreking van de terugblikverslagen en na vijftien minuten pauze volgden 75 minuten om de problematiek te verkennen.

De hele werktijd bleven we als groep bijeen. Bij elk verslag werden de deelnemers uitgenodigd in te brengen wat zij van dit verslag hadden geleerd. (Waar blijf je aan haken? Wat herken je en wat is anders voor jou? Wat leert jou dit?)

De supervisor stuurde er bij het behandelen van het werkverslag op aan dat elke deelnemer de eigen werkcontext zou onderzoeken in het licht van het gepresenteerde probleem. (Hoe kom jij dit tegen? Hoe ga jij ermee om?)

Zo'n soort groepssupervisie hanteer ik als richtlijn in de eerste groepen waarvan ik supervisor was.

7.3 Leren aan ervaring

Mijn enthousiasme was groot. De opleiding tot supervisor had een verregaand effect op mijn leren en leven. In een evaluatie die ik na de opleiding schreef, formuleerde ik mijn leerwinst. Boven aan mijn lijstje stond: de emotionaliteit die met leren gepaard gaat en het fysieke karakter van leren. Ik kan mij niet herinneren dat ik daarvoor zo sterk ben geconfronteerd met wat leren met mijn lijf doet. Ik werd mij ook bewust van het belang en de impact van mijn unieke persoonlijke geschiedenis op een leerproces. Ik liep tegen mijn grenzen aan en ondervond hoe ze via reflectie en communicatie met anderen binnen de opleiding een weg tot groei impliceerden. De confrontatie met het anderszijn van me-

decursisten maakte mij gevoelig voor de tegenstellingen in mezelf. Het bracht mij ook in contact met wat bij mij op de achtergrond aanwezig is. Ik leerde van binnenuit de eisen en mogelijkheden kennen van leren uit ervaring. Ik leerde hoe heterogeniteit
in een groep - op een bepaalde manier gehanteerd - het leren van
elk individu aanzwengelt. Ik leerde mijn eigen weg te gaan en
daarvoor te gaan staan.

Het effect van de opleiding werkte als een inktvlek. Het reikte verder dan het leren hanteren van een methodiek. Het straalde af op
mijn werk met groepen buiten het supervisiegebeuren, sijpelde
door in de wijze waarop ik ten aanzien van mijn leidinggevende
en mijn collega's functioneerde. Het verhelderde mijn kijk op wat
er tussen mij en mijn man, mijn zus, ouders en vrienden aan de
gang was. De opleiding raakte mijn hele persoon en werkte door
op andere werk- en levensdomeinen.

Met deze ervaring start ik het volgende schooljaar met twee supervisiegroepen in het kader van de Vlobo. De deelnemers zijn op
een uitzondering na twintigers, mensen met weinig beroepservar-
ring die verplicht deelnemen aan de supervisiesessies in het kader
van de opleiding die ze volgen. Supervisie is nieuw in hun opleiding. De cursusleiding ziet supervisie als een hefboom voor een
heroriëntering van de Vlobo naar wat zij noemen een studentge-
richte benadering, waarin reflectie op het eigen beroepsmatig
functioneren een centrale gedachte is. Verdere initiatieven om de
opleiding te doen kantelen beperken zich tot op heden tot het
verspreiden van visieteksten bij de lesgevers. Kortom, ik werk met
een publiek dat nieuw is voor mij, de context is nieuw, de randvoorwaarden (verplichte deelname, de evaluatie verplicht uitgedrukt in een cijfer) zijn nieuw, mijn aanpak is oud. Uitkomst van
het geheel: het effect is nieuw. Nieuw in die zin dat ik bij de deelnemers niet zie gebeuren wat ik in andere supervisiegroepen wel
zie. Na het afsluiten van de supervisiereeks trek ik voor mezelf en
mijn collega-supervisoren twee conclusies.

1   Slechts een kleine minderheid van de groep slaagt erin eigen
     werkervaringen als bron van leren te hanteren. Het kritisch
     kijken naar en bevragen van het eigen functioneren in het
     werk en de werkcontext blijft meestal uit. De betekenis van
     de ervaringen voor professionele ontwikkeling blijft groten-
     deels verborgen of onduidelijk.

2   De supervisie werkt wel emotioneel ondersteunend, maar

van leren door interactie met elkaar is weinig of geen sprake. Meestal houdt het op met het vertellen van gelijksoortige belevenissen. Het zoeken naar gemeenschappelijkheid heeft voorrang op het toetsen aan en confronteren met andere ervaringen. En daar waar verschillen wel opduiken, doen de deelnemers ze bijna steevast af met 'ja, zo ben ik nu eenmaal' of 'bij ons op school is dat nu eenmaal zo'. Anderen bevestigen deze opmerkingen in evaluatie-uitspraken die zonder uitzondering verwoorden hoeveel deugd het hen heeft gedaan te horen dat hun problemen op het werk herkenbaar zijn voor anderen en die ook aangeven dat 'het op de duur in herhalingen verviel' of 'dat het na vier of vijf sessies stagneerde' (in totaal waren er zeven supervisiesessies van telkens een dagdeel).

Mijn conclusie na een jaar supervisie is: de methodiek zoals ik hem heb gehanteerd, is voor deze groepen te weinig krachtig om het beoogde leerproces op gang te brengen, laat staan op gang te houden. En daar zit ík dan met een probleem...

7.4   Vernieuwen is een avontuur

Ik voelde dat eerste jaar al na de tweede sessie nattigheid. Het leergesprek verliep niet zoals ik dat gewend was. De derde sessie versterkte mijn onvrede. Mijn beproefde aanpak en mijn interventies werkten niet. Het was best gezellig en iedereen nam deel aan het gesprek, maar het had voor mij meer weg van een reünie van oud-studenten dan van supervisie. Mijn vragen naar verduidelijking, naar gelijkenissen en verschillen tussen ervaringen brachten ons niet op het spoor van leren, oordeelde ik.

Wanneer mijn geduld ten einde was of de tijd drong, trok ik het laken naar mij toe. Ik wees zelf op relevante elementen in de verschillende verhalen, gaf een alternatieve invalshoek aan en las ze af en toe de les. De groep greep dan steevast naar de pen en noteerde ijverig wat ik vertelde. Binnen in mij riep een stemmetje: 'Niet doen, nee, niet doen. Dit levert niets op!'

Af en toe werd ik verrast door sommige uitspraken tijdens de sessie of passages in de verslagen. Af en toe zag ik een glimp van het leerproces dat ik voor ogen had. Iemand reflecteerde op zijn werk of op zichzelf op een manier die ik bedoelde. Af en toe, veel te weinig naar mijn zin.

De opmerkingen tijdens de sessies en in de verslagen over hoe goed het was om in zo'n kleine groep met collega's over het werk te kunnen praten, deden mij aanvankelijk goed. Later ging ik eraan voorbij en daarna gingen ze mij irriteren.

Ik heb de sessies dat eerste jaar nooit als een klus ervaren en de relatie met de groep bleef prettig tot het eind, maar de conclusie was voor mij duidelijk: vóór supervisie hier kan renderen, moet ik aan een aantal voorwaarden werken bij de cursisten. Simpel gesteld: zij moeten leren reflecteren op hun ervaring.

Twee tegengestelde grootheden hebben mijn beleving dat eerste jaar bepaald. De eerste was de norm van wat supervisie moest opleveren, een norm die in mijn ogen voortkwam uit de aard van supervisie. Die norm werd niet gehaald. Daar tegenover stond het aangename samenzijn tijdens de sessies. Uiteindelijk was de groep er niet schuldig aan dat de supervisie de norm niet haalde. Dus hield ik het ook aangenaam. Mijn normbesef maakte dat ik wel eens doordramde of een vraagstelling niet losliet. Maar wanneer ik aan de houding of gezichten of aan de inbreng merkte dat dat niet goed viel, hield ik ermee op. Na de eerste reeks wist ik: dit moet anders, zo kan ik er niet tevreden over zijn.

7.4.1 Veranderen van supervisiemethodiek

Aan het einde van de eerste reeks en in de maanden voor de tweede reeks van start ging, werd ik mij ervan bewust dat de supervisiemethodiek zoals ik die kreeg aangereikt, sterk was gericht op het ik in zijn context en op het verkennen van het het. En dat het wij weinig of niet naar voren kwam. TGI gaf me een perspectief om een andere weg op te gaan met de nieuwe groepen.

Het experimenteren begon: ik zette het wij (de groep, de ervaringen hier-en-nu) meer op de voorgrond, formuleerde af en toe en gaandeweg steeds meer een thema voor de terugblikronde, doorbrak mijn klassieke structuur... en er gebeurde inderdaad iets. Niet in dezelfde mate in beide groepen die ik toen superviseerde, maar in allebei toch wel aanwijsbaar. Individuen werden zichtbaarder, kwamen op een persoonlijker manier aan bod, onderlinge verschillen en gelijkenissen werden meer geëxpliciteerd, er werd meer dan eens confronterend gereageerd op elkaar en ook wel eens op mij. De verslagen werden langer, het belevingsaspect was zowel kwantitatief als kwalitatief meer uitgewerkt in de verslagen, het maakte inderdaad verschil.

En er waren nog meer verschillen. De tijd die ik voorheen besteedde aan het werkverslag, werd alsmaar korter. Eén enkele keer kwam ik er zelfs niet aan toe. De overstap naar hun eigen werkcontext bleef meer op de achtergrond. Niet dat die er voorheen zo duidelijk was, maar dat had in mijn ogen dan meer te maken met het ontbreken van enig effect. Nu zag ik wel effect dáár ter plekke en of dat ook effect had op hun beroepsmatig functioneren, daar was ik niet zo zeker van. Ik probeerde te vertrouwen op de grilligheid van zo'n leerproces, maar zonder veel overtuiging.

En juist van daaruit ontstond het begin van een verschuiving. Het was alsof een rij dominostenen langzaam omviel.

Het eerste kwartje dat viel, was het besef dat mijn ongerustheid niet zozeer had te maken met de vraag of het supervisiegebeuren wel invloed had op het functioneren van de groepsleden in zijn werkcontext, maar met de vraag of ik nog wel met supervisie bezig was. Dat dit wel eens niet het geval zou kunnen zijn, vatte ik ernstig op. Ik erger mij als anderen woorden gebruiken die allerlei ladingen dekken. Supervisie deed dat niet voor mij. Supervisie was supervisie en ik wist wat supervisie was. En mijn experimenten voerden mij weg van wat ik wist, dat supervisie was.

Er stak een fundamentalist in mij de kop op die slaags raakte met een andere fundamentalist in mij. Eén die wist wat TGI was en die supervisie had gewogen en te licht bevonden had. Die bovendien meer succes boekte met de laatste aanpak. In gesprekken met collega's in die periode vochten die twee dikwijls hun strijd. Maar ze hadden gezelschap. Er was ook een stem in mij die tijdens mijn TGI-opleiding een thema formuleerde dat paste bij hoe ik in mijn werk functioneerde en vooruit kon komen. Dit thema was verzachten in gedrevenheid en verharden in ontvankelijkheid.

De energie van dit thema had de eerder beschuldigende vinger richting Vlobo naar het achterplan verschoven en mij in beweging gebracht, op zoek naar een alternatief voor deze groepen. Die energie oriënteerde mij, liet woorden en uitspraken in gesprekken oplichten, haalde zinnen en passages die ik ooit las uit vergeten hoeken van mijn geheugen en bracht beetje bij beetje de tweede dominosteen in beweging.

Ik werd mij ervan bewust dat mijn beeld van wat supervisie dient te zijn evenveel, zoniet meer, was gevormd door wat het voor mij heeft betekend, dan door de eigenheid van de methode zelf. Dit besef groeide door mijn proces als groepslid en mijn leerwinst te situeren in de periode in mijn leven waarin ik de supervisieopleiding volgde. Tegelijkertijd, alsof er nu pas ruimte kwam, drong alles wat ik weet over wat het betekent als jonge leerkracht in een doorsnee Vlaamse school terecht te komen, echt tot me door.

De verschillen tussen mijn cliënten en mijzelf toonden zich. Grote verschillen, relevante verschillen als het erover gaat wat de betekenis van supervisie voor iemand kan zijn.

Allereerst is er het verschil in de levensfase waarin ik in supervisie was en die waarin mijn groep met supervisie werd geconfronteerd. Ik liep tegen de veertig, had een loopbaan van vijftien jaar als wetenschappelijk medewerker aan een universiteit achter de rug. Ik maakte in mijn privé-leven een aantal belangrijke gebeurtenissen en ontwikkelingen mee. Zowel professioneel als privé was ik aan heroriëntatie toe. Het onderzoekswerk boeide mij steeds minder, het verlangen om met groepen te werken werd sterker. Ook in mijn privé-leven was er sprake van grote veranderingen. Kortom, er lag diepgaand en fundamenteel werk op mijn bord, mijn oude patronen voldeden niet meer, ik moest nieuwe ontwikkelen.

De deelnemers aan de groepssupervisie zijn gemiddeld zo'n vijftien jaar jonger, ze staan aan het begin van hun beroepsloopbaan. Voor een aantal van hen is het een hele schok om in een keer de volle verantwoordelijkheid te dragen voor een groep kinderen. Wat zij op de schoolbanken leerden, staat voor velen mijlenver af van de echte praktijk. Zij moeten het nu waarmaken.

En dan is er het verschil in werkcontext. Ik werkte nauw samen met de twee collega's van mijn team. We bespraken problemen en vragen over het werk grondig. Advies vragen en krijgen behoorde tot de cultuur. Wij wisten van elkaar wat ons ook buiten het werk bezighield. Er was aandacht en zorg voor elkaar. Ik was een van de oudsten-in-dienst in het centrum waartoe mijn team behoorde, ik wist wat ik waard was op mijn terrein en anderen, onder wie mijn leidinggevende, wisten het ook.

De Vlobo-cursisten behoren in de regel tot de laatstgekomenen op hun school, dikwijls blijven ze als invalkrachten slechts korte tijd op eenzelfde plek (van enkele weken tot enkele maanden). Ze komen in een omgeving terecht waar een leraar over het algemeen zelfstandig werkt met kinderen. Overleg beperkt zich in veel gevallen tot het maken van afspraken die nodig zijn om de school draaiend te houden en tegemoet te komen aan eisen van de centrale overheid of tot regelgeving voor de verschillende participanten. Leraren bespreken problemen die zij in hun werk hebben met kinderen in de regel vanuit de vraag: wat is er mis met dit kind en hoe kan ik dat oplossen? Het functioneren van de leraren blijft meestal buiten beeld.

Hoewel het Vlaamse basisonderwijs officieel een vlakke structuur kent, zijn er in de meeste scholen duidelijke informele hiërarchische verhoudingen. Om te beginnen is er verschil tussen vaste krachten en leraren op basis van contract. Zo'n vaste benoeming krijg je na een aantal jaren, na een gunstige evaluatie. Die is zelden ingebed in een proces van ondersteuning van professionele ontwikkeling. Eenmaal vast benoemd geldt als regel in het onderwijs: 'Je moet je moeder vermoorden of er met de schoolkas vandoor gaan, eer ze ontslaan.' Anders gezegd: als je niet in vaste dienst bent, kun je slechts hopen op een gunstige evaluatie. Ben je wel eenmaal aangenomen, dan hoef je je nooit meer zorgen te maken.

En er is meer. Veel scholen hanteren de ongeschreven regel dat een toenemend aantal jaren ervaring recht geeft op een voorkeursbehandeling bij verdeling van opdrachten en extra werk. De oudere leraren hebben dikwijls een streepje voor en soms hebben ze het zelfs voor 't zeggen, ook als het om belangrijke beslissingen gaat.

Daarom krijgen de meeste groepsleden weinig professionele ondersteuning op hun werk. Ze staan achter in de rij van voorzieningen en dit aan het begin van hun loopbaan, juist nu ze nog onzeker zijn over wat ze kennen, kunnen en zijn in hun job.

7.4.2 Reflectie op verschillen in de globecontext

Geen wonder dat zij steeds weer herhaalden blij te zijn te horen dat anderen ook met een of ander probleem werden geconfronteerd. Geen wonder dat ze in hun verhalen vooral bevestiging zoeken. Geen wonder dat hun verhalen het anekdotische nauwelijks ontstijgen.

Met mijn eigen leerwinst als norm voor ogen maakten mijn pogingen mijn eigen proces in supervisie bij hen te kopiëren mij blind voor de betekenis die supervisie voor deze cursisten had. Zij vonden lotgenoten. De sessies boden hun een kader waarin ze over hun vragen, twijfels, teleurstelling en succes konden praten zonder als leraar een onvoldoende te krijgen.

Vanuit die kennis kreeg ik perspectief om te bouwen. De fundamentalisten in mij trokken zich terug. Supervisie kon in de Vlobocontext het kader bieden waarbinnen de groep veilig informatie kon uitwisselen over het werk. De eigenheid van elk groepslid als beginnend leraar kon in die setting stap voor stap een plaats krijgen.

TGI met haar aandacht voor de globe had mij geholpen om mijn blindheid te doorbreken. Met TGI kon ik gebruikmaken van de meerwaarde van de supervisiesessies om hen dichter te brengen bij persoonlijke en verantwoorde keuzes in hun werk.

Pas bij het einde van mijn tweede reeks supervisie kon ik mij verzoenen met de gang van zaken en het perspectief dat daaruit groeide, ontstond deels als gevolg van het effect van mijn experimenteren, deels als gevolg van reflectie op mijn eigen proces en functioneren. Het bracht rust.

7.5 TGI als leidraad

In een derde reeks krijg ik een groep onder mijn hoede. Ik neem mij voor om TGI mijn leidraad te laten zijn om de cursisten te begeleiden in hun leren. Ik vraag en krijg drie extra sessies die mij ruimte geven om naast het werken met de ingebrachte problemen met de groep bezig te zijn met wat tijdens de sessies gebeurt. Daarbij wordt de tegenstelling binnen-buiten scherper maar ook bewerkbaar. Meer dan voorheen kan ik hun tijd geven om wat ze tijdens de sessies meemaken ter plekke te expliciteren en ik kan hen laten onderzoeken hoe dit speelt in hun werkcontext.

Bij mezelf merk ik dat ik er, paradoxaal genoeg meer dan vroeger, alert op moet zijn dat ze de kennis van de sessies leren toepassen in hun werksituatie. Er eenvoudigweg op vertrouwen dat ervaringen tijdens de sessies wel zullen doorwerken op school, durf ik niet. Ik wil er speciaal tijd voor inruimen.

Deze groep is qua leeftijd en beroepservaring minder homogeen dan de vier voorgaande. Dit heeft een eigen dynamiek tot gevolg. Het stelt mij in staat om tijdens de sessies te werken met de relaties binnen een schoolteam en de krachten die daar spelen. De samenstelling van de groep biedt mij dus kansen, reikt als het ware bevoorrechte werkterreinen aan en, dat is weer de keerzijde van de medaille, zij maakt dat ik andere moet laten liggen.

Ik zie dit, maar het verontrust mij niet. Ik probeer aan te grijpen wat deze groep in haar eigenheid als leerkansen biedt, en ik zie wel waar we komen.

Ik heb mij afgevraagd of ik de Vlobo-groepen met TGI kon losmaken van wat hen tegenhoudt. Ik heb de indruk dat mij dit nu in belangrijke mate lukt. Afgezien van het verschil in heterogeniteit lijkt de huidige groep op een aantal punten op de vier voorgaande. Ik denk aan hun vaardigheden om te reflecteren op hun werkervaring, aan het anekdotisch karakter van hun inbreng. Die ervaar ik nu als minder onoverkomelijk om zinvol vanuit een lerend perspectief bezig te zijn met wat ze in hun werk meemaken.

7.6 Oogsten

De belangrijkste wijzigingen in mijn supervisiewerk zijn het werken met thema's voor de terugblikronde en het variëren van de structuur. Ik probeer telkens aan te geven wat in mijn ogen het effect daarvan is. Vervolgens breng ik een tweetal issues ter sprake die mij momenteel erg bezighouden. Ik werk er nog aan, omdat ik vind dat ik ze nog niet helder heb.

7.6.1 Werken met actualiteiten

Levend leren wordt ondersteund en vooruit geholpen door te thematiseren wat zich aandient in de groep, zowel op inhoudelijk vlak als op het niveau van het proces. Als ik voor de terugblikronde een thema formuleer waarmee ik enerzijds terugkijk naar de vorige sessie en dat ik anderzijds ent op wat de groep in hun evaluatieverslag schrijft, kan ik de veelheid en diversiteit op inhoudelijk vlak structureren. Omdat deze terugblikverslagen per definitie individueel en persoonlijk zijn, komt een brede waaier van concrete uitspraken, opvattingen en mogelijke gespreksonderwerpen op tafel te liggen. Zo loopt de terugblikronde het risico dat we veel op een oppervlakkige en fragmentarische wijze bespreken. Ik filter de inhoudelijke veelheid en diversiteit door het raster van het ik-wij-het-globe en situeer het binnen de voortgang van het proces in de groep waarbij ik de dynamische balans tussen deze vier bewaak. Zo kan ik thema's formuleren die het leren vooruithelpen. Een voorbeeld kan dit verduidelijken.

Bij een van de groepen stel ik halverwege het traject vast dat de verscheidenheid in de verslaggeving zowel qua vorm als qua inhoud toeneemt. Bovendien schrijven de meesten iets over leren. Ik concludeer dat de groep zich meer bewust wordt van haar leerproces en dat het, omdat het hier gaat om mensen die beroepshalve bezig zijn met het stimuleren van leerprocessen, goed is om leren op de agenda te zetten. Ik formuleer als thema voor de terugblikronde 'Leren leren, hoe ben ik daar hier en in mijn omgang met kinderen mee bezig'.

Een tweede voorbeeld. In een andere groep stel ik tijdens de vierde sessie vast dat de beelden die ze van elkaar hebben gevormd sterk bepalen wat ze van elkaars inbreng laten binnenkomen en wat ze zonder meer naast zich neerleggen. Vervolgens schrijven ze in de verslagen geen namen van andere groepsleden op. Het is alsof ze wat ze meenemen uit de bespreking, niet koppelen aan het individu dat bepaalde uitspraken deed.

Ik probeer hen een stap te laten zetten door ter plekke het thema te formuleren, 'Nu ik jou al wat beter ken, wil ik je zeggen dat het mij niet verwondert dat jij dát in jouw verslag schrijft en dat dit in jouw verslag mij verrast'. Door met thema's te werken ziet de terugblikronde er anders uit dan vroeger. Het is niet meer een en al reageren op verschillende verslagen die achtereenvolgens in het midden worden gelegd. Nu bespreken we een thema waarbij de verschillende verslagen een eerste aanzet vormen om zich eraan te verbinden. Meer concreet: na de introductie en de formulering van het thema gaat de groep met de verslagen aan het werk om het thema te verkennen.

Het werken met thema's heeft op verschillende vlakken effect. Behalve dat het de diversiteit in de verslaggeving hanteerbaar maakt, heb ik ervaren dat er minder anekdotes worden verteld en dat verschillen in de groep sterker naar voren komen. Het is blijkbaar minder bedreigend om anders te denken en te functioneren als het om een thema gaat, dat ik heb geformuleerd, dan wanneer een ander een ervaring vertelt uit zijn werk.

Zelf kan ik door opeenvolgende themaformuleringen het evenwicht tussen de vier factoren van het TGI-systeem beter bewaren. En daardoor kan ik meer continuïteit én voortgang realiseren.

Een ander belangrijk effect van het werken met thema's is dat ik de wij-component beter kan inbrengen. Enerzijds in de thema-formulering zelf, maar ook omdat de dynamiek die ontstaat wanneer met een thema wordt gewerkt, een totaal andere band ontstaat dan de gezamenlijkheid als gevolg van gelijkaardige belevenissen. Dit sluit aan bij wat ik eerder scheef over het meer naar voren komen van verschillen binnen de groep.

Het werken met thema's maakt de groep meer tot leergroep. De intensiteit van het gebeuren stijgt. Dat dit niet enkel mijn perceptie is, leid ik af uit uitspraken van de groepsleden. Ik citeer: 'Deze middag is voorbijgevlogen', 'Die van vorig jaar (de groep uit de eerste reeks) zeiden dat het op de duur saai werd, ik vind het tegenovergestelde. Het wordt hoe langer hoe boeiender', 'Ik had nooit gedacht dat ik zó over mijn werk zou vertellen tegen mensen die ik toch niet zo goed ken', 'Ik vind dat wij veel meemaken in supervisie'.

Deze laatste uitspraak verwijst naar een ander verschil met vroeger, dat ook is ontstaan door met thema's te werken, maar er komt meer bij kijken. Ik geef het groepsgebeuren meer aandacht dan voorheen. Hoe krijgen de zorgen over het werk gestalte binnen wat er zich in de sessies afspeelt? Die vraag bepaalt mijn waarnemen, interpreteren en interveniëren. Ik zoek naar lijnen tussen wat zich vanuit de globe van de groep aandient en wat er zich binnen de supervisiegroep aandient. Zo kon ik diepgaander werken met de eerste twee problemen in mijn huidige supervisiegroep, omdat ik de aandacht heb gericht op wat er zich ter plekke afspeelde. Concreter: hun werkproblemen hadden allebei te maken met conflicten in het schoolteam en het omgaan met collega's die heel wat meer ervaring hebben. Dit contextgegeven weerspiegelde zich in de interactie van de groep. Een van hen is een vrouw van veertig die na jaren vrijwilligerswerk in de welzijnssector is gaan lesgeven in het bijzonder onderwijs. Uiteraard is haar inbreng gekleurd door haar (levens)ervaring. Herhaaldelijk gaf ze de overige (jongere) groepsleden goedbedoelde adviezen en wijze raad.

In twee sessies ontstond een conflict dat ze beetje bij beetje boven tafel kregen. Door het gebeurde systematisch te koppelen aan de problemen op het werk werd de supervisie voor beide partijen een soort oefenterrein in het omgaan met verschillen en conflicten. Ik heb veel tijd besteed aan het helder maken van de spanningen in de groep en het vertalen van het probleem naar hun werk. We moesten de bespreking van een werkverslag zelfs naar een latere datum verschuiven.

Het ging bij tijd en wijle moeizaam, maar de groepsleden slaagden erin authentiek en selectief uit te spreken wat hen raakte. Ze brachten onder woorden wat van hen was en wat van de ander en ze konden zelfs aangeven wat ze anders wilden en de ander ruimte geven om daar meer of minder gevolg aan te geven. Als opdracht voor hun evaluatieverslag gaf ik ze mee dat ze moesten nadenken over wat ze hieruit kunnen meenemen om beter te functioneren in hun team.

Terug naar het werken met thema's. Die vind ik omdat ik de evaluatieverslagen lees vanuit een referentiekader. Mijn informatie moet voldoende zijn om met het thema aan de slag te kunnen, maar ook niet meer dan dat. Het gaat mij om het thema, niet om het referentiekader.

Een thema-introductie mag maximaal een kwartier in beslag nemen. Dat lukt mij tot nu toe goed. In mijn oude opvatting over supervisie is dit pure ketterij: een supervisor regelt het verkeer, gaat niet zelf meerijden. Hij onthoudt zich met andere woorden van inhoudelijke inbreng en sturing. Toch zit er ook een addertje onder het gras. Door met thema's te werken wordt mijn invloed groter. Mijn lezing en referentiekader is veel duidelijker aanwezig in de sessie dan voorheen. Ik heb al gewezen op de winst daarvan, maar er is ook verlies. Dat de deelnemers elkaars verslagen lezen geeft zo minder richting voor de bespreking dan eerst. Ik probeer dit verschil te ondervangen door na een themabewerking een korte open ronde te houden, waarin ik hen uitnodig nog iets terug te geven of eventueel te vragen aan elkaar. Toch iets om verder over na te denken. Niet dat ik vies ben van eigen inbreng, maar het blijft wel supervisie, en meer dan in andere vormen van begeleidingswerk zijn het toch de deelnemers die bepalen wat en hoe.

Ten slotte nog dit. Veel van wat ik in deze paragraaf heb geschreven, heeft te maken met het hanteren van thema's binnen supervisie. Ik werk niet altijd met thema's. Bij de bespreking van het werkverslag doe ik dat niet en ik ben het ook niet van plan. Ik zie dat deel van de sessie als een open verkenning van nieuwe problemen op het werk en ieders affiniteit daarmee. Het is ook het gedeelte, waarin ik minder intervenieer. Hier regel ik het verkeer: ik zorg dat iedereen aan bod komt, dat ze een inbreng eventueel verduidelijken en dat informatieve vragen met betrekking tot het werkverslag een antwoord krijgen. Ik laat hen hun verhaal vertellen. Het is voor mij de fase waarin ze materiaal binnenbrengen dat dan via evaluatieverslagen en in de volgende ronde eventueel via een thema verder wordt behandeld. Ik voel voor dit deel van de supervisie geen noodzaak om met een thema te werken.

Ook voor de terugblikronde formuleer ik niet altijd een thema. Soms houd ik een 'klassieke' terugblik. Dat hangt af van mijn inschatting of er een extra duwtje nodig is om het proces voortgang te laten vinden. Soms vind ik dat de terugblikverslagen zelf voldoende zijn om zo'n duwtje te geven. Dan weer zie ik niet welk thema een meerwaarde zou kunnen bieden. En werk ik volgens het oude stramien. Noch de supervisiemethodiek die ik heb geleerd, noch het werken met thema's zijn volgens mij zaligmakend om een leerproces in supervisie op gang te brengen.

7.6.2 Sleutelen aan de structuur om levend leren te stimuleren

Ik werk tegenwoordig geregeld met individuele opdrachten of in deelgroepjes. En ik wissel verbaal inbrengen af met werken met kleur en vorm, in een tableau vivant enzovoort. Zo heb ik ze voor het thema 'leren leren, hoe ben ik daar hier en in mijn omgang met kinderen mee bezig' gevraagd om een partner te kiezen van wie ze op basis van het terugblikverslag vermoedden, dat die aanvullende ideeën of ervaringen had rond dit thema. Elk duo kreeg de opdracht mee op een flap een mindmap te maken met als centraal woord leren. Deze mindmappen hebben we later kort besproken in de groep. Ik liet het werken rond het thema afsluiten met de opdracht individueel te noteren wat de groep heeft opgeleverd rond de vraag: 'wat is leren en hoe kan ik dat stimuleren bij kinderen?' en deze reflectie voor te lezen.

Een andere keer vroeg ik de groep in het kader van een klassieke terugblikronde waarin alle verslagen achtereenvolgens ter sprake kwamen, om via een tekening weer te geven wat zijzelf als het belangrijkste vonden in hun verslag. Ieder mocht daarna zijn tekening toelichten en anderen reageerden, zowel op het verhaal als op de wijze waarop het vorm had gekregen in de tekening.

De variatie in structuur houdt de groep wakker. Non-verbaal werken levert bovendien bijkomend materiaal op. Toen ik een tableau vivant liet maken over een kind dat de aandacht van de juf buitensporig opeiste, merkte een groepslid op dat in alle tableaus de kinderen ofwel ontbraken, ofwel buiten het gezichtsveld van de leraar waren geplaatst.

Een iemand merkte bij zijn eigen tekening verrast op dat hij alleen maar donkere kleuren had gebruikt en dat het geheel er dreigend uitzag. Hij koppelde dit spontaan aan de wijze waarop hij zijn werk op dat moment beleefde.

Subgroepwerk komt het vertrouwen ten goede. Soms komt dat omdat ze elkaar vinden in het samenwerken aan de opdracht. Soms omdat ze de tijd deels gebruiken om elkaar beter te leren kennen. Ik merk dan dat ze na een tijdje de opdracht loslaten en het over andere dingen hebben. Zeker bij de aanvang van de supervisiereeks ben ik daar tolerant in. Later ga ik er anders mee om. Dan vraag ik in de groep hoe het was om met zijn tweeën of drieën aan de opdracht te werken. Door wat ze daarover zeggen krijg ik meer hoogte van wat zij vinden van de opdracht en wat er aan interactie tussen hen plaatsvindt.

Het nadenken over een passende structuur is een vast onderdeel geworden van mijn voorbereiding. Ik streef daarin naar eenvoud, omdat ik heb gemerkt dat ingewikkelde structuren of werkvormen die ver afstaan van wat men gewend is, drempelverhogend werken. Bovendien leiden ze de aandacht af van waar het werkelijk om gaat. Dit geldt vooral voor vormen van non-verbaal werk. Ik ben daar, zeker in het begin van de supervisiereeks, voorzichtig mee.

7.7 Fundamentele vragen

Nu ik professioneel met groepen werk, word ik geconfronteerd met de fundamentele vraag waar de kern van de activiteit ligt, wanneer ik met groepen werk. Als ik kijk naar hoe ik in een project functioneer, zie ik dat ik structureer, de thema's formuleer en de opdrachten geef. Hoe afhankelijk maak ik een groep en het hele proces daardoor van mij? Uiteraard stelt het eigen leiderschap binnen een groep hoge eisen aan de deelnemers. Uiteraard zijn deze eisen zelden of nooit voldaan bij de start. Maar dit hoeft niet te beletten dat ik er wel naartoe kan werken. Dat cursisten hun eigen leider moeten zijn, is onderdeel van mijn werkwijze, wanneer ik superviseer, en toch heb ik tot nu toe niet de stap gezet om ze ook op dit leiderschap aan te spreken tijdens de sessies.

Ik heb er zelfs nog niet over doorgedacht en mijn impuls is de vraag (voorlopig) in de ijskast te stoppen. Dus functioneer ik nog steeds op basis van oude beelden en opvattingen over de relatie begeleider-begeleide, over het stimuleren van leren. Die waarin de begeleider, de lesgever, stuurt en de groep volgt. Nogmaals, ik vind dat een begeleider dient te sturen. De vraag is waarnaar? Stuur ik in de supervisiesessies voldoende naar het moment waarop de deelnemers hun proces van professionele ontwikkeling in handen nemen? Ik betwijfel dat. Wel geloof ik dat een aantal van hen via de supervisie daarnaartoe evolueren. De vraag is evenwel in hoeverre ik daar een rol in speel en doelgericht mee bezig ben. Ik kan best verzachtende omstandigheden bedenken. Natuurlijk ben ik niet de enige die behept is met die oude beelden en opvattingen, de groep heeft die beelden ook, net als de opleiding waarvoor ze zich hebben ingeschreven. Daarin verandering brengen vergt tijd en een gecoördineerde inspanning op verschillende niveaus, van verschillende mensen. Maar iemand moet ergens een eerste stap zetten. Ik zie hoe ik hierin evolueer. Ook al stop ik de vraag in de ijskast, het is *mijn* ijskast. De vraag kom ik in de toekomst in een of andere vorm wel weer tegen.

7.8 De weg is het resultaat

Werken met wat zich aandient. In drie supervisiegroepen ben ik op zoek gegaan naar wegen om levend leren te stimuleren. In drie groepen ben ik daar in zekere mate in geslaagd.
De weg en het resultaat is voor elke groep anders geweest. Dat spreekt vanzelf en toch is het nieuw, als ik kijk naar waar ik vandaan kom met mijn supervisiewerk. Ik zie hoe dit telkens weer zoeken naar de juiste weg en het specifieke dat daaruit komt, inherent is aan levend leren en TGI. Ik zie tegelijkertijd hoe dit andere, voor mijn gevoel hogere eisen stelt aan mezelf als supervisor. Af en toe denk ik met heimwee terug aan de periode waarin ik quasi routinematig superviseerde, de standaardprocedure volgde en standaardvraagjes stelde en ervan overtuigd was - en daar ook de signalen van zag - dat ik goed werk leverde. Die heimwee brengt mij in elk geval dichter bij wat mijn groep doormaakt in haar leerproces. Het geeft mij ook meer begrip voor de traagheid van het proces en de hardnekkigheid van oude gewoonten en opvattingen, die ik bij hen en bij mijzelf bespeur.

Literatuur

Stevens J., Coenjaerts D., Van Horebeek, G. *Praktijkbegeleiding van docenten in het perspectief van onderwijskwaliteit en professionalisering*. Garant, Leuven/ Apeldoorn, 1998.

Monique D'hertefelt werd geboren in 1956 als oudste van twee meisjes. Tweeëntwintig jaar later studeerde ze af als psychologe met specialisatie onderwijs. Na haar afstuderen werkte ze zeventien jaar als onderzoeksmedewerkster aan het Centrum voor Onderwijsbeleid en -vernieuwing van de Katholieke Universiteit Leuven. Ze hield zich in hoofdzaak bezig met het onderzoek naar het functioneren van schoolteams in vernieuwingsprocessen. De laatste jaren van deze periode merkte ze een verschuiving in haar interesse naar het begeleiden van teams die een vernieuwing trachtten te implementeren. Ze besloot als nascholer te werken aan de Katholieke Hogeschool Limburg. In die periode volgde ze de opleiding tot supervisor in onderwijs en de TGI diploma-opleiding. Momenteel is ze in hoofdzaak bezig met teambuilding, conflicthantering, communicatie in teams en coaching van leidinggevenden in scholen.

8 Subtiele interventies leiden tot generatief leren

TGI binnen competentiegericht leren in het onderwijs

Theo Middelkoop

8.1 Inleiding

Met het systeem TGI heeft Ruth Cohn een pedagogiek ontwikkeld voor alledaagse situaties. Een pedagogiek om constructiever en menswaardiger met onszelf, elkaar, de dingen en de wereld te leren omgaan. Een dergelijke pedagogiek raakt alle facetten en situaties van het leven, maar is van wezenlijk belang voor onderwijssituaties. Het onderwijs vormt immers jonge mensen. Dit geldt met name voor het lager en voortgezet onderwijs, maar ook voor het hoger beroepsonderwijs. Daar immers leren wij hoe wij later ons beroep in de maatschappij, in contact met collega's, gestalte geven. Dit is precies ook het uitgangspunt van competentiegericht leren dat in de laatste jaren veel opgeld doet in het hoger onderwijs. Competentiegericht leren betekent dat we het hoger beroepsonderwijs niet meer zien als een optelsom van los van elkaar geleerde kennis en vaardigheden. Competentiegericht leren heeft als doel bij de student het vermogen te ontwikkelen in concrete toekomstige beroepstaken adequaat, met persoonlijke invulling, te functioneren. Hierbij is sprake van een generatieve benadering waarbij de persoonlijke attitude wordt verbonden met het professionele handelen. Dit is precies ook de visie die ten grondslag ligt aan themagecentreerde interactie. Ook daar zien we de persoonlijke ontwikkeling in wisselwerking met de taak in een specifieke (beroeps)context en de mensen met wie we samenwerken.

Om dit competentiegericht leren binnen opleidingen voor hoger beroepsonderwijs in Nederland te realiseren zijn deze opleidingen in de afgelopen jaren massaal overgegaan tot nieuwe onderwijssystemen, of zijn daar momenteel druk mee bezig. Onder invloed van deze nieuwe onderwijskundige inzichten is of wordt het klassikale vakkenonderwijs vervangen door competentiegerichte onderwijssystemen zoals probleemgestuurd onderwijs (PGO) en projectonderwijs (PO). Binnen deze nieuwe onderwijssystemen levert themagecentreerde interactie een krachtig didactisch kader, methodiek en bijbehorende instrumenten. In dit hoofdstuk beperk ik me tot deze beide systemen, het probleemgestuurd en het projectonderwijs, maar dat wil niet zeggen dat de beschreven begeleidingsdidactiek niet ook toepasbaar is binnen andere competentiegerichte systemen zoals taakgericht onderwijs, studentgericht onderwijs of duaal onderwijs.

In dit hoofdstuk wil ik allereerst kort bespreken wat deze beide competentiegerichte onderwijssystemen inhouden. Daarna werk ik uit hoe we de TGI-pedagogiek van Ruth Cohn kunnen inzetten om de didactische werkmethoden binnen de beide onderwijssystemen competentiegericht te maken. Hierbij concentreren wij ons op het dynamisch balanceren met het zogenaamde vier-factorenmodel (TGI-kompas).

8.2 De kenmerken van competentiegericht leren

Ten opzichte van het klassikale onderwijs hebben zowel probleemgestuurd als projectonderwijs drie andere onderwijskundige uitgangspunten. In de eerste plaats is dit de verschuiving van docentgecentreerd naar studentgecentreerd onderwijs. Essentieel hierbij is de gedachte dat het gaat om het leren van de student en niet om het doceren van de docent. De student moet zich de aspecten die van belang zijn voor de latere beroepsuitoefening, eigen maken. De docent moet hem daarbij begeleiden en de mogelijkheden scheppen dit te realiseren. Leren van de student betekent het doorlopen van de volgende onderwijsfuncties: zich oriënteren op de stof, daarmee oefenen en feedback krijgen. Belangrijke werksystemen hierbij zijn: discussiëren over een bepaald probleem, vergelijken van de gevonden oplossingen, het toetsen ervan op relevantie en het uitleggen aan elkaar van moeilijke onderwerpen. Het aanbieden van klassikaal vakkenonderwijs is nauwelijks geschikt om deze werksystemen tot hun recht te laten komen.

Een tweede belangrijk uitgangspunt is dat het leren gebeurt in contact, in samenwerking met andere studenten. In de maatschappelijke context waarbinnen we de meeste beroepen heden ten dage uitoefenen, moeten we in staat zijn om met anderen samen te werken. In weinig situaties werken wij alleen. We moeten rekening houden met anderen, met hen communiceren, respect hebben voor ieders mening, ieders inbreng en deskundigheid. Het behoort tot het professionele gedrag van een opgeleide in het hoger beroepsonderwijs om met inzet van de eigen professionaliteit in een team te kunnen werken. Ik beschrijf hier in feite de sociale competentie van de beroepsbeoefenaar die we in geen enkele professionele beroepsuitoefening kunnen missen.

Een laatste belangrijk uitgangspunt is dat we werken aan situaties die voortkomen uit de dagelijkse praktijk van de toekomstige beroepsuitoefening. Deze praktijksituaties zijn een geïntegreerd geheel van de in het beroep voorkomende onderdelen. Het klassieke onderwijs, met gescheiden vakken, kan daaraan niet zo goed gestalte geven. Competentiegericht onderwijs is daarom per definitie geïntegreerd onderwijs waarin beroepsthema's in plaats van vakken centraal staan.

Door het realiseren van de laatste twee genoemde uitgangspunten, werken in een team samen met anderen en uitgaan van concrete praktijksituaties, wordt binnen het onderwijs een situatie gecreëerd die congruent is met de latere beroepsuitoefening. Zo kan in het onderwijs geoefend worden met de rol van professionele beroepsbeoefenaar en kunnen de daarvoor noodzakelijke competenties geleerd worden.

8.3   Probleemgestuurd onderwijs

Probleemgestuurd onderwijs is ontwikkeld in de MacMasters University te Hamilton, Canada, en in Nederland geïntroduceerd op de Universiteit Maastricht (Moust, 1992).

Binnen het probleemgestuurd onderwijs worden concrete praktijksituaties gethematiseerd, vaak in de vorm van een praktijksituatie. Met behulp van dergelijke geïntegreerde praktijksituaties zoeken studenten naar oplossingen en zo verwerven ze de beroepscompetenties spelenderwijs.

Dat gebeurt bijvoorbeeld duidelijk in de medische opleiding. In de klassieke medische opleiding werden de studenten onderwezen in vakken als anatomie, fysiologie, pathologie en symptomen die behoren bij een bepaald ziektebeeld. Zo geeft griep onder andere de symptomen hoofdpijn en misselijkheid, al veroorzaken een hersenschudding en veel andere ziekten dit ook. Een patiënt die een dokter consulteert (= praktijksituatie), vertelt echter dat hij misselijk is en hoofdpijn heeft. De dokter moet dan uit het hele scala van ziekten die er mogelijk zijn, destilleren wat deze patiënt mankeert. De wijze waarop het klassieke medische onderwijs wordt aangeboden, het diagnosticeren van een ziekte met de daarbij behorende symptomen, is dan ook tegengesteld aan de competenties die in de latere beroepsuitoefening worden gevraagd, namelijk het oplossen van een probleem van een patiënt die met symptomen komt.

Het werken aan dergelijke concrete praktijksituaties ziet er als volgt uit: een onderwijsgroep van ongeveer tien studenten start de week met een casus uit de praktijk. Dan gaan de leden van de onderwijsgroep volgens een bepaalde methode aan de slag met deze probleemtaak. Veelal gebruiken ze hiervoor de 'zevensprong' of een variant daarop:

De zevensprong

Stap 1: Begrijpt iedereen de verschillende aspecten van de gepresenteerde praktijksituatie?

Stap 2: De studenten formuleren het probleem of wat de kern is van de praktijksituatie.

Stap 3: Ze onderzoeken wat zij al afweten van de geschetste situatie en welke hypotheses ze kunnen opstellen over de geschetste situatie. Ze visualiseren de al aanwezige persoonlijke ervaringen, kennis en hypotheses op het bord, zodat zij voor alle studenten toegankelijk zijn.

Stap 4: Hierna toetst de groep studenten de veronderstellingen op hun relevantie voor het oplossen van het probleem en brengen er structuur en ordening in aan.

Stap 5: Ze stellen vast welke kennis ze moeten verzamelen om het probleem adequaat te kunnen oplossen. Dit formuleren ze in de vorm van leerdoelen die ze afzonderlijk bestuderen.

Stap 6: Tussen de twee bijeenkomsten vindt zelfstudie plaats om de gestelde leerdoelen te realiseren.

Stap 7: In de tweede bijeenkomst van de onderwijsgroep over de betreffende taak, wisselen de studenten de gevonden informatie uit, bekijken die kritisch en schatten die op waarde. Tevens thematiseren de deelnemers in deze stap het leren van ieder en de samenwerking in de groep.

Een tutor begeleidt de studentengroep bij het doorlopen van deze stappen. Hij zet de studenten aan tot creatief en effectief omgaan met de geschetste situatie, het stellen van kritische vragen en hij betrekt alle groepsleden bij het geheel, maakt allen nieuwsgierig en stimuleert eenieder om tot een oplossing te komen van de vraag 'wat is hier aan de hand'. Die docent moet hierbij zo min mogelijk de rol spelen van diegene die uitlegt wat het probleem is. Dit belemmert namelijk dat de studenten zelf ontdekken en zelf leren.

Tijdens het werken in de onderwijsgroep heeft steeds een van de leden de rol van voorzitter.

In de beginfase is dit vaak de tutor. Later nemen de studenten dit voorzitterschap zelf voor hun rekening en heeft de tutor slechts nog een begeleidende rol. De groep wordt daardoor steeds meer zelfsturend.

Alle te leren kennis wordt op deze wijze aangereikt. Veel opleidingen stimuleren het opnemen van de benodigde kennis via aanvullende meer gestructureerde taken waaraan studenten zelfstandig of in de onderwijsgroep zonder begeleiding van de tutor kunnen werken. Daarnaast plant zo'n opleiding practica waarin de studenten de voor de beroepsuitoefening noodzakelijke motorische en sociale vaardigheden kunnen oefenen. Ook hierbij zijn steeds concrete beroepssituaties als uitgangspunt van leren gekozen, om te voorkomen dat het klinische instrumentele trainingen worden. Deze vaardigheidstrainingen zijn zo veel mogelijk gekoppeld aan de thema's die ook in de probleemtaken worden behandeld. Deze integratie van inhoud, vaardigheid en attitude benadrukt het competentiegerichte. Ook bij de training van vaardigheden is de didactiek erop gericht dat studenten zo veel mogelijk zelfstandig oefenen zonder docent. De docent geeft feedback en stelt kritische vragen.

8.4 Projectonderwijs

Projectonderwijs heeft al een langere traditie. Vooral in Denemarken aan de universiteiten van Aalborg en Roskilde is het de laatste jaren als competentiegericht onderwijssysteem verder ontwikkeld. Hierdoor geïnspireerd heeft de Technische Universiteit Twente dit systeem in Nederland geïntroduceerd.

Bij projectonderwijs wordt evenals bij probleemgestuurd onderwijs gewerkt aan concrete praktijksituaties. De werkmethode verschilt echter, de student moet namelijk daadwerkelijk een product opleveren dat relevant is voor de praktijk van het beroep waarvoor hij wordt opgeleid. De groepen in projectonderwijs zijn kleiner dan in probleemgestuurd onderwijs, maximaal vijf à zes studenten. De werkvorm in dit type onderwijs noemen we projectmatig werken (Wijnen, 1991).

De eerste stap is de definitiefase. Hierin geeft de docent een concrete omschrijving van het te vervaardigen product. Hij omschrijft randvoorwaarden, eisen, wensen, functies en ontwerpbeperkingen. Vervolgens vindt de ontwerpfase plaats waarin de groep zoekt naar oplossingen die aan de eisen voldoen. De studenten sluiten de ontwerpfase af met een, tot in detail uitgewerkt, definitief projectontwerp. Daarna volgt de voorbereidingsfase, waarin de groep bepaalt welke taken ze op een bepaalde tijd moeten verrichten en hoe de taakverdeling van de groepsleden onderling is. In de realisatiefase voeren ze het project uit.

De groep legt deze fasen van projectmatig werken steeds in een beslisdocument vast. Dat legt ze voor aan een docent die het project begeleidt. Deze docentbegeleider, ook wel tutor genoemd, beoordeelt de beslisdocumenten en geeft de projectgroep wel of niet toestemming om verder te gaan (go of no go). Hij maakt die beslissing op basis van vijf beheersaspecten, de zogenaamde GOKIT: G (geld), O (organisatie), K (kwaliteit), I (informatie) en T(tijd). De docentbegeleider heeft een beoordelende rol en stimuleert de studenten daarnaast om in onderlinge samenwerking creatief met het project om te gaan.

Vaak zijn opleidingen ingericht als een combinatie van projectonderwijs en probleemgestuurd onderwijs. Geeft een opleiding de voorkeur aan één bepaald systeem, dan hangt dat samen met de latere beroepsuitoefening.

8.5 De meerwaarde van TGI bij competentiegerichte onderwijssystemen

In de didactiek van beide onderwijssystemen zijn duidelijke TGI-aspecten te herkennen. De vier factoren van het TGI-kompas zijn erin benoemd. Individuele studenten (ik) werken samen (wij) in een onderwijsgroep aan een probleem of een project (het) ontleend aan of gericht op de concrete praktijksituatie (omgeving of globe). Ook trachten beide onderwijssystemen de nadelige gevolgen van het klassieke onderwijs, zoals het rivaliteitprincipe en het afhankelijk zijn van docenten, te vermijden of te verminderen. De vier factoren in dit TGI-model benoemen op een andere manier de essentie van een competentie, namelijk hoe iedere afzonderlijke beroepsbeoefenaar (ik) op eigen wijze samen met anderen (wij) gestalte geven aan een bepaalde opgave (taak, het het) binnen het beroep (context, de globe).

8.5.1 Humanisering van de school

In haar boek *Van psychoanalyse naar themagecentreerde interactie* schrijft Ruth Cohn (1983) dat de sfeer van het klassiek onderwijs wordt gekenmerkt door het rivaliteitprincipe en de verwaarlozing van menselijke interactie. Vanaf de eerste klas tot aan het einde van de opleiding gaat het om wedijveren om punten, om de beste te zijn, beter dan de anderen. Het rivaliteitprincipe betekent de organisatie van het zuivere egoïsme.

Een van de uitgangspunten van genoemde competentiegerichte onderwijssystemen is dat er in groepen wordt samengewerkt. Deze opzet is in eerste instantie gekozen omdat de maatschappij vraagt om hoger opgeleiden die in teamverband kunnen samenwerken. Door deze werkvorm leren studenten reeds tijdens hun opleiding om te luisteren naar de inbreng van ieder afzonderlijk, om respect te hebben voor elkaar en om elkaar te helpen en ondersteunen. De onderwijssystemen zijn gericht op samenwerking in plaats van op rivaliteit. Die komt overigens niet vanzelf tot stand. De tutor die de onderwijsgroep begeleidt, moet hier duidelijk op inspelen, vooral bij beginnende onderwijsgroepen en bij studenten die in hun vooropleiding niet met deze werkvormen in aanraking zijn gekomen.

Ruth Cohn schrijft ook dat het onderwijssysteem met zijn rivaliteitprincipe zich kenmerkt door de superioriteit van het stofgericht leren tegenover de mogelijkheid van denken en creatief zijn. Ook voor dit denken en creatief zijn bieden competentiegerichte onderwijssystemen meer mogelijkheden. Zij dagen studenten uit om zelf op zoek te gaan naar oplossingen van problemen en het creëren van nieuwe producten.

8.5.2 Eigen leiderschap en groeiende autonomie

Zowel probleemgestuurd als projectonderwijs zijn erop gericht om studenten in opklimmende mate verantwoordelijk te laten zijn voor hun eigen leerproces. De opleiding realiseert dit door het onderwijs studentgecentreerd vorm te geven. Het gaat om het leren van de student en niet om het doceren van de docent.

Dit betekent overigens niet dat de student 'het zelf maar moet uitzoeken'. De taak van het docententeam ligt echter in de fase voordat de student leert en in het begeleiden van dit leren. Vooraf dient het docententeam een studenthandleiding met logisch opeenvolgende taken en praktijkopgaven te vervaardigen aan de hand waarvan studenten zelf kunnen leren. Het is de verantwoordelijkheid van docenten de taken inhoudelijk dusdanig vorm te geven dat studenten ook daadwerkelijk met de taken aan de slag kunnen, dat de taken begrijpelijk en uitvoerbaar zijn en uitdagen tot een creatief proces. Tevens is het de verantwoordelijkheid van het docententeam om ervoor zorg te dragen dat alle voor de beroepsuitoefening noodzakelijke kennis en vaardigheden gedurende de opleiding aan bod komen en dat de studenten de stof kunnen oefenen.

Verder dient de docent in zijn rol als tutor te initiëren, stimuleren en begeleiden dat de student zelf verantwoordelijk is voor zijn leerproces. Hoewel dit misschien tegenstrijdig lijkt, betekent dit dat de tutor in een beginnende onderwijsgroep wel het voorzitterschap op zich moet nemen en dit niet te snel aan studenten moet overdragen. Door het in eerste instantie zelf voorzitter te zijn en het modelmatig demonstreren en begeleiden van de 'zevensprong' en 'projectmatig werken' geeft de tutor een voorbeeld van de uit te voeren werkvormen. Hij draagt het uitvoeren stapsgewijs aan studenten over en heeft dan alleen nog een stimulerende en begeleidende rol.

Een ander aspect waarbij de tutor de student kan helpen, is in het onderzoek hoe die student heeft geleerd. Dit leren leren maakt de student steeds minder afhankelijk van de docent en verantwoordelijker voor zijn eigen leerproces. Dat is niet alleen belangrijk voor het leren tijdens de opleidingsperiode, maar ook in de latere beroepsuitoefening.

8.6   Inzetten van het vier-factorenmodel

Voor de beschrijving van het gehele generatieve TGI-systeem met zijn visie, grondhouding, methodiek en instrumenten verwijs ik naar het eerste hoofdstuk van Jeroen Hendriksen. In het onderhavige hoofdstuk beperk ik me tot de werking van het vier-factorenmodel (TGI-kompas) als kern van de didactiek binnen PGO en PO.

Zowel bij de didactiek van probleemgestuurd onderwijs (PGO) als van projectonderwijs (PO) bestaat het gevaar dat docenten deze mechanistisch toepassen. Wanneer de stappen van de zevensprong of de fasen van het project maar doorlopen worden, komt het vanzelf goed, is de misvatting. Daardoor mislukt veel PGO en PO in de praktijk.

In probleemgestuurd en projectonderwijs werken individuele studenten in een onderwijsgroep aan een taak. Het dynamisch balanceren van de tutor met het vier-factorenmodel (TGI-kompas) is een werkwijze om het leren te optimaliseren en tot een creatief en organisch proces te maken. De wijze waarop verschilt echter wel tussen de beide onderwijssystemen.

8.6.1 TGI-kompas in probleemgestuurd onderwijs

In probleemgestuurd onderwijs maken we bij het werken aan de probleemtaken gebruik van de zevensprong. De onderwijskundige aspecten waarop de didactiek van de zevensprong is gebaseerd, kan ik ook in TGI-factoren weergeven.

Stap	Zevensprong	TGI-aspecten	TGI-kompas
1	Verhelder onduidelijke begrippen en termen	Wat denk ik dat de taak inhoudt?	Vooral ik-gericht en taakgericht
2	Definieer het probleem	Welke vraag gaan wij onszelf stellen, wat taakgericht daagt ons uit om uit te zoeken?	Vooral wij-gericht en taakgericht
3	Analyseer het probleem analyseer voorkennis	Wat ik over dit onderwerp weet, wat ik erover denk te weten en wat ik me afvraag	Vooral ik-gericht, taakgericht en contextgericht (van de student)
4	Inventariseer op systematische wijze wat in stap 3 naar voren is gekomen (ordenen en structureren)	Wij brengen onze individuele indrukken samen	Vooral wij-gericht en taakgericht
5	Formuleer leerdoelen	Wat wij nog niet weten en willen opzoeken	Vooral wij-gericht en taakgericht
6	Zoek aanvullende informatie buiten de groep (opzoeken leerdoelen)	Ik zoek op	Vooral ik-gericht, taakgericht en contextgericht (van de beroepswereld)
7	Synthetiseer en test de nieuwe informatie (uitwisselen leerdoelen)	Ik heb het volgende gevonden, wat heb jij gevonden, wat hebben wij gevonden? Hoe is onze samenwerking?	Alle factoren met nadruk op taak en wij

In deze stappen onderzoekt de groep op basis van wat een individuele student weet, denkt of als ervaring meebrengt wat ze ziet als probleem van de taak waaraan ze wil werken. De tutor stimuleert en begeleidt het doorlopen van deze stappen.

De tutor richt zich bij PGO vooral erop de groepsleden en de interactie tussen hen te stimuleren. Dit vraagt om subtiele interventies op de as ik-wij om ervoor te zorgen dat de studenten effectief aan de taak werken. Zo kan een gepaste tutorinterventie bij een groep met een machocultuur waarin niet alle inhoudelijke bijdragen een kans krijgen, bijvoorbeeld zijn: 'Het valt mij op dat tot nu toe alleen de mannen iets hebben gezegd. Hoe is dat voor de vrouwen in deze groep?' Het gaat bij PGO vooral om taakgerichte processturing (zie figuur 1). De tutor stuurt niet direct op de inhoud van de taak. Ook in een latere fase van de opleiding, als een van de studenten de rol van voorzitter van de onderwijsgroep op zich heeft genomen, blijft de tutor erop toezien dat deze processturing effectief wordt uitgevoerd.

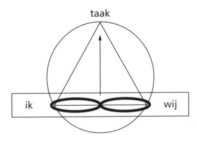

Figuur 1: TGI-kompas in PGO: sturen op de taak door middel van sturen op het proces (ik/wij -> taak)

De vier factoren van het TGI-kompas en het dynamisch balanceren zijn bij de didactiek van de zevensprong stapsgewijs aangegeven. Toch stimuleert het stapsgewijs wisselen van het accent van ik naar wij en vice versa gericht op taak en context nog niet per se een leren-lerenproces. De stappen geven een accent aan. Vanuit de TGI-grondhouding kan de tutor er veel meer dynamiek in aanbrengen. Door op elk moment in te schatten waar de groep en haar deelnemers zijn, beslist hij tot mogelijke andere interventies dan die de didactiek van de stap mechanistisch voorschrijft. Wanneer de tutor in stap vijf bij een medische taak over een bepaald ziektebeeld weet dat de zus van Erica die ziekte heeft en haar er wat wit weggetrokken bij ziet zitten, kan hij interveniëren met: 'Erica, hoe gaat het met je? Wil je daar iets over zeggen?' Zo geeft hij Erica de gelegenheid er iets over te zeggen of niet, die vrijheid moet ze altijd krijgen. Tegelijk stimuleert hij met zo'n interventie het bewustzijn dat er meer is dan het bestuderen van ziektebeelden. Hij zet de inhoud in een geheel andere context. In plaats van taakgericht bezig te zijn zoals dat bij deze stap hoort (formuleren van leerdoelen), dwingt de situatie hem hier een ik-gerichte interventie te doen.

Dit voorbeeld maakt duidelijk hoe mechanistisch leren door het dynamisch balanceren *generatief leren* wordt. Het TGI-postulaat 'storingen hebben voorrang' geeft de tutor een extra hulpmiddel in handen om leren leren te bevorderen. Als Erica aangeeft, dat ze op het moment niet meekan, is het van belang dat de tutor dit serieus neemt en er ruimte voor geeft. Dat geeft Erica de mogelijkheid om te vertellen waarom ze niet meekan. Zo kan de groep dat begrijpen en makkelijker accepteren, waardoor Erica misschien zelfs weer kan meedoen op taakniveau.

8.6.2 TGI-kompas in projectonderwijs

De tutor in projectonderwijs heeft behalve een begeleidende ook een beoordelende rol. De sturing is hier anders. De tutor reageert, geeft feedback op resultaten die de studenten eerst zelfstandig als groep moeten hebben geleverd. Bijvoorbeeld op het beslisdocument dat ze na fase 1 hebben ingeleverd. Hij geeft feedback en beoordeelt op basis van de vooraf vastgelegde criteria (GOKIT). Hij bespreekt met de projectgroep hoe ze tot het beslisdocument is gekomen, wat de inbreng van de individuele studenten is geweest en hoe ze bij het tot stand komen van het beslisdocument te werk zijn gegaan. Vertrekkend vanuit de taak stuurt hij de creatieve inbreng van individuele studenten en de onderlinge samenwerking. Als een projectgroep bijvoorbeeld materiaal heeft ingeleverd dat helemaal niet aan de vereiste inhoudelijke criteria voldoet, dan zal de tutor eerst aangeven wat hij nog mist en waarom hij geen *go* kan geven. Zijn volgende interventie zal iets zijn van: 'Hoe komt het dat jullie resultaat zo mager is, waar jullie er toch voldoende tijd voor hadden?' Die maakt meestal onderliggende

spanningen in de groep zichtbaar die de studenten dan kunnen uitspreken met de tutor in de rol van mediator (begeleiden zonder zelf oplossingen aan te dragen). Na zo'n verhelderinggesprek kan zijn volgende interventie zijn: 'Welke gezamenlijke afspraken maken jullie nu met elkaar, zodat het de volgende keer inhoudelijk wel klopt?'
De tutor stuurt dus op het proces, in tegenstelling tot bij PGO, vertrekkend vanuit de taak (zie figuur 2).

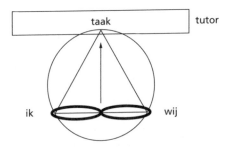

Figuur 2: TGI-kompas in PO: sturen op proces vertrekkend vanuit de taak (taak-ik/wij)

Ook bij de didactiek van projectmatig werken zijn de vier factoren van het TGI-kompas aanwezig. Op basis van het resultaat (taak) focust de tutor via het wij op elk van de deelnemers (ik). Vanuit de bovenbeschreven TGI-grondhouding kan de tutor ook hier een extra dimensie geven aan de opeenvolgende fasen van het projectmatig werken. Hij kan de vaak star uitgevoerde didactiek doorbreken met interventies op wat de groep in de situatie op dat moment beweegt. Studenten ervaren deze methodiek van projectmatig werken vaak als star. De TGI-tutor zal dat thematiseren en open staan voor alternatieven uit de groep, wanneer die een werkwijze voorstelt die tot dezelfde of zelfs betere groepsresultaten kan leiden.

8.7 Conclusies en afronding

Zowel de didactiek van probleemgestuurd onderwijs (zeven-sprong) als de didactiek van projectonderwijs (projectmatig werken) geven niet de garantie dat ook leren leren plaatsvindt. Docenten kunnen beide vormen van didactiek mechanistisch en rigide uitvoeren. Dat gebeurt ook vaak in de praktijk, waarin niet zelden weinig tijd voor training en supervisie wordt uitgetrokken. TGI biedt de mogelijkheid om dit mechanistisch werken om te vormen tot een organisch geheel, om het leren te verlevendigen, te versterken en het te laten aansluiten bij wat op dat moment speelt. Tutoren die werken vanuit de TGI-grondhouding en -me-thoden, kunnen een meerwaarde aan deze didactieken toevoegen door bewust accenten te leggen op wat op dat moment belangrijk is voor het leerproces. Ze kunnen de persoonlijke gevoelens en meningen van elk groepslid bij taken waarbij emotionele onder-werpen aan bod komen, accentueren. Of de onderlinge samen-werking: hoe willen wij met elkaar omgaan en welke afspraken maken wij met elkaar? Ook kunnen ze het hier en nu laten mee-wegen: hoe beïnvloedt de situatie van de opleiding en alles wat er omheen gebeurt, het werken aan de taak of maakt het dit op het moment onmogelijk?

De didactiek van PGO en PO gaat uit van de visie dat docenten le-ren van studenten 'betekenisvol' gestalte geven. TGI geeft aan de-ze didactiek een meerwaarde door voorrang te geven aan de reali-teit waaruit ze steeds reflecteert en aan het leren leren op meta-cognitief niveau. Met behulp van TGI stimuleren we het genera-tieve leren en diepen we dat uit, een manier van leren die het gewenste competentiegericht leren verder vormgeeft.

Literatuur

Cohn, Ruth C. *Van psychoanalyse naar themagecentreerde interactie.* Nelissen, Baarn, 1983.

Moust, J.H.C.P.A.J. Bouhuijs en H.G. Schmidt, *Probleemgestuurd onderwijs.* Wolters-Noordhoff, Groningen, 1992.

Wijnen, Gert, Willem Renes en Peter Storm, *Projectmatig werken.* Het Spectrum, Utrecht, 1991, 8e druk.

Theo Middelkoop (1947) is als adviseur onderwijsontwikkeling werkzaam bij Fontys Hogescholen te Tilburg. Hij ontwikkelt samen met docenten de Fontys Rockacademie. Tot zijn kernactiviteiten behoort het ontwikkelen van competentiegerichte onderwijssystemen en het trainen en coachen van docenten in de rol van groepsbegeleider of tutor.

Daarnaast is hij werkzaam in eigen bedrijf als opleider TGI en consultant loopbaanbegeleiding, supervisie, coaching en teambegeleiding op basis van TGI.

'Het TGI-systeem is voor mij een zienswijze, grondhouding en methodiek die de verschillen tussen mensen als kracht gebruikt om samen leren op respectvolle wijze gestalte te geven.'

theo.middelkoop@inter.nl.net

Tel. 0031-6-53 832535

9 Systeem aanbrengen in de verscheidenheid

Themagecentreerde interactie in een krachtig perspectief

Phien Kuiper

9.1 Inleiding

De schrijvers van voorgaande hoofdstukken hebben de lezer een beeld gegeven van hoe zij TGI inzetten in hun werk als trainer of als supervisor, als onderwijsmens, als pastoraal werker of als TGI-opleider. Zij hebben dat op veel verschillende manieren gedaan. Sommige zijn zelf als lerende persoon in beeld, anderen laten via docenten of managers zien hoe TGI kan worden gebruikt en hoe dat werkt. Ze laten daarbij ook verschillende kanten van TGI zien. In de ene tekst krijgt bijvoorbeeld het *thema* veel aandacht, elders is het het *eigen leiderschap* en in weer een andere tekst is Cohns *tegenoverdrachtworkshop* inspiratiebron. Allemaal hebben ze op eigen wijze een beeld geschetst van een onderwerp dat hun kennelijk na aan het hart ligt: TGI in hun eigen beroepsveld.
TGI is te gebruiken in alle situaties waarin mensen met elkaar werken en leren, als middel om de verantwoordelijkheid te delen en werken en leren levendiger te maken. In de context waarin het idee voor deze bundel is geboren, die van de opleiding tot het TGI-diploma in 2000, wordt alles wat mensen op het vlak van

TGI zeggen, schrijven en laten zien al gauw in het licht geplaatst van de vraag of dit nu écht TGI is. Wat is echt? Eenieder die met TGI heeft leren werken, zal een eigen antwoord op deze vraag geven.
Ik zie het als mijn opgave systeem aan te brengen in de verscheidenheid.

Systeem aanbrengen in de verscheidenheid - dat kan ik niet anders doen dan met *mijn* manier van kijken. Deze wordt mede bepaald door hoe ik TGI begrijp, door wat voor *mij* echt TGI is. Ik streef ernaar in dit verband mijn visie niet tot norm te verheffen.

Om de samenhang te laten zien, plaats ik de teksten met de onderlinge verschillen in een kader. Zo moet een beeld ontstaan van wat TGI toevoegt aan wat de lezers al kennen. Het kader dat ik kies, is dat van *TGI als een samenhangend systeem van theorie, methode en instrumenten.* Eerst beschrijf ik dit systeem en vervolgens gebruik ik het om twee veelgenoemde en naar mijn opvatting belangrijke begrippen een plaats te geven en met elkaar in verband te brengen, te weten *dynamisch balanceren* en *eigen leiderschap.* Daarna ga ik in op de rol van *de persoon* en *de persoonlijkheid* in het werken met TGI. Ik besluit met perspectieven voor de toekomst.

9.2 Theorie – methode – instrumenten

In het inleidende hoofdstuk beschrijft Hendriksen de ontwikkeling van TGI in haar historische context. Cohns drijfveer om te zoeken naar een manier om veel meer mensen te bereiken dan het handjevol dat bij haar op de divan lag, is beter te begrijpen als je weet, dat haar persoonlijke en beroepsmatige geschiedenis zich heeft voltrokken tegen de achtergrond van de gebeurtenissen van voor en na de Tweede Wereldoorlog.

Tegenwoordig wordt TGI vaak beschreven als een model waarmee processen in groepen en organisaties kunnen worden geïnterpreteerd, vormgegeven én gestuurd[1]. In dit agogische concept neemt

---

1 Dank aan Janny Wolf-Hollander; zie ook Reiser & Lotz 1995.

het dynamisch balanceren een centrale plaats in, als de *methode*. De methode is het principe waarop het handelen is gebaseerd. Die is op haar beurt geworteld in de *theorie*, dat zijn de axioma's (zie Hendriksen paragraaf 1.2). Hierin liggen, kort gezegd, de waarden besloten omtrent de universele verbondenheid van de mens en de daarmee samenhangende verantwoordelijkheid voor hemzelf en de wereld om hem heen. Om het dynamisch balanceren in de praktijk vorm te geven beschikken we over een aantal *instrumenten*.

9.3 Dynamisch balanceren

Bijna alle teksten in dit boek besteden aandacht aan het begrip *dynamisch balanceren*. Welke plaats heeft dit begrip in het TGI-systeem en hoe gebruiken de diverse auteurs het?

Dynamisch balanceren is afwisselend aandacht besteden aan de vier factoren ik, wij, het en globe, alle zijn immers even belangrijk. In feite zijn het de verbindingen tussen de factoren die interessant zijn, zoals uit het vervolg zal blijken. De variatie in terminologie (vier-factorenmodel, bol-driehoekmodel en dergelijke)[2] neemt de lezer hopelijk voor lief. Hier wil ik laten zien wat de centrale plaats van het dynamisch balanceren, tussen axioma's en instrumenten, inhoudt en hoe dit in de verschillende teksten wordt geïllustreerd.

Als het principe van het dynamisch balanceren is gebaseerd op de axioma's, betekent dit dat het niet alleen maar een richtlijn is om het leren en werken in groepen afwisselender en levendiger te maken. Het is in eerste instantie de uitwerking van het existentiële gegeven van het individu in verbondenheid met de wereld om hem heen, en de opgave om waardegebonden, humane beslissingen te nemen. In groepen en organisaties kan het niet anders dan dat de betrokkenheid van de mensen diffuus is. Dynamisch balanceren is dé manier om deze betrokkenheid te richten en te versterken door het zwaartepunt afwisselend op de verbinding tussen twee of meer van de vier factoren te leggen.

---

2   Wij hebben in deze bundel zo consequent mogelijk gekozen voor het vier-factorenmodel (red.).

Alvorens in te gaan op het instrumentarium dat ons ten dienste staat om dit werkprincipe in handelen om te zetten, laat ik zien welke betekenis verschillende auteurs aan het begrip geven; daarmee krijgt het meer reliëf.

9.3.1 Betekenis

Marleen Vangrinsven laat in hoofdstuk 2 zien dat de dynamiek zeker zo belangrijk is als de balans. Lange tijd zet ze de groep aan het werk met taken die vooral cognitief van aard zijn, ze vergt daarmee veel van de deelnemers. Zo ontstaat er een zekere disbalans die in en tussen de deelnemers dynamiek op gang brengt. In die dynamiek ligt een belangrijke bron van de creativiteit waarover mensen beschikken.

De vraag wat die balans in vergaderingen inhoudt, ligt ook ten grondslag aan de overwegingen van Marc Verschueren (hoofdstuk 3). Taak en context zijn bepalend voor hoe en hoeveel aandacht aan het ik en het wij wordt besteed. Hij schrijft dat hij in de toepassing van TGI werd gehinderd door zijn '... dwangidee over de typische TGI-aanvangsprocedure...' Waarschijnlijk doelt hij op de gewoonte in TGI-cursussen om te beginnen bij het ik: de aanwezigen zijn als individuen gekomen met hun eigen besognes en interesses en er is nog geen sprake van een groep. Zijn beeld van TGI is daar kennelijk gevormd. Nu is zo'n cursus een laboratorium waarin je, niet gehinderd door de realiteit van iedere dag, goed kunt balanceren tussen de vier factoren en tussen andere aspecten die het leren bevorderen (zie ook Vangrinsven, hoofdstuk 2 en Callens, 1983). Blijkbaar had bij Verschueren de transfer naar het dagelijks werk en leven onvoldoende plaatsgevonden. Met de vier factoren in zijn hoofd ziet hij dat hij toch iets kan uitrichten in zijn overlegsituaties, door de aandacht van taak en context gepast te verschuiven naar persoon en samenwerking.

Balans én dynamiek, de opgave is telkens opnieuw na te gaan (zie Van de Braak, hoofdstuk 6) wat in het proces een goede stap is, waar je de aandacht nu naar moet verleggen om te bereiken wat je wilt bereiken. Cohn spreekt van 'to balance the never-balanced'. Die balans valt dikwijls niet in één bijeenkomst te realiseren. Een goed werkbare hantering van het principe zie ik in een omkering: leren en werken zijn optimaal als geen van de vier factoren lange tijd buiten beeld blijft.

Het dynamisch balanceren is dus als attitude verankerd in de axioma's en wordt in de praktijk in handelen omgezet met behulp van een aantal instrumenten. Deze vinden we terug in de verschillende bijdragen.

9.3.2 Instrumenten

Het *dynamisch balanceren* is het werkprincipe dat ons in het werken met groepen begeleidt. We vatten het ook in het vier-factorenmodel en het TGI-kompas en gebruiken het als hulpmiddel om het handelen te sturen en over processen te reflecteren.

Dit *waarnemen en interpreteren van processen* is een buitengewoon belangrijk instrument in de bijdrage van Ineke van de Braak. Zij biedt haar managers met het vier-factorenmodel als analyse-instrument een consequent houvast voor hun rol in hun organisatie. Die managers gaan gevoel ontwikkelen voor de vier factoren én hun complexe samenhang. Op grond van wat in de actuele situatie op de voorgrond staat, leren ze een thema te kiezen dat de integratie van deze factoren bevordert.

Theo Middelkoop gebruikt het TGI-kompas om de didactiek van de moderne onderwijsvormen te bekijken op een aantal elementen die Cohn bevorderlijk acht voor de humanisering van het onderwijs, namelijk samenwerking en eigen leiderschap (Cohn, 1997). Het TGI-kompas kan de docent of tutor dus helpen het leren leren te bevorderen door telkens na te gaan op welke as van de driehoek de groep zich bevindt en dan te bepalen waar hij naartoe wil in dit onderwijs. Middelkoop beveelt de tutor aan 'subtiel te interveniëren' op de ik-wij-as ten gunste van de taak waaraan de studenten werken. Processen waarnemen en interpreteren en niet simpel volgen van voorgeschreven stappen; dit laatste werkt de beoogde doelen eerder tegen.

Behalve dit vier-factorenmodel en TGI-kompas maken we voor het waarnemen en interpreteren van processen vaak van andere modellen gebruik, zoals een organisatietheorie (Van de Braak, 2001), een groepsontwikkelingsmodel of een theorie over persoonlijkheidsstructuren.

Het is verleidelijk dit waarnemen en interpreteren van processen als het belangrijkste instrument te beschouwen. Vermoedelijk ligt dit voor iedereen anders en dat is gunstig: verschil in rangordening van de instrumenten biedt kansen voor persoonlijke accenten én voor discussie en ontwikkeling.

Als tweede noem ik het *thema*, het meest TGI-specifieke instrument dat zijn naam aan de werkwijze heeft gegeven. Cohn onderscheidde hiermee haar aanpak van werkwijzen zonder duidelijke taak. In bijna alle teksten heeft het thema, geformuleerd op een bepaalde manier (zie Hendriksen, 1.5) de functie om de aandacht te richten, de interactie te stimuleren en een stukje van de wereld werkbaar te maken. Het thema is dus meer dan wat het in het gewone spraakgebruik is (Kuiper, 2001) en het spreekt tegenstellingen aan die inherent zijn aan leren en veranderen (Callens, 1983). Cohn heeft ooit gezegd het thema te beschouwen als het contract waaraan alle betrokkenen zich verbinden.

Structuur - werkvormen en groeperingsvormen - is een instrument dat nauw met het thema samenhangt. Vangrinsven maakt duidelijk hoe haar structuur het thema ondersteunt met het oog op wat ze in haar cursus wil bereiken. Om de TGI-theorie te behandelen in een groep die qua kennis en ervaring met TGI zeer heterogeen is, groepeert ze de deelnemers afwisselend heterogeen en homogeen naar dit criterium. Zo voegt ze met de structurering iets toe, ze doet iets wat niet wordt verwacht en prikkelend werkt.

Ook het *gebruiken en vormgeven van de globe* is een instrument dat voor balans en dynamiek kan zorgen. Voorbeelden daarvan vinden we bij Vangrinsven en Eylenbosch die de werkruimte bewust inrichten om het werken aan het thema te ondersteunen.

De *hulpregels* - vermoedelijk het bekendste instrument - kunnen de communicatiecultuur in een groep of een organisatie beïnvloeden. Cohn heeft ergens geschreven dat de hulpregels helpen voorzover ze helpen, en dat van bovenaf opleggen van deze regels een beroep doet op een gehoorzaamheid die ze juist wil ontmoedigen. Conform de doelen die Cohn zich stelde (alle betrokkenen verantwoordelijkheid geven voor wat er gebeurt in een bijeenkomst), maakt Verschueren in de rol van deelnemer gebruik van hulpregels. Door bijvoorbeeld aan de voorzitter te vragen wie hij bedoelt als hij wij zegt, schept hij duidelijkheid en brengt hij misschien een kleine verandering op gang. Verschueren geeft met zijn voorbeelden ook aan hoe hij *interventies* hanteert als instrument om, spontaan, invloed uit te oefenen op het lopende proces.

Ten slotte noem ik, last but not least, de *persoon* als instrument in het leiden van groepen. Ik kom daar in volgende paragrafen uitgebreid op terug.

9.4 Eigen leiderschap

De term eigen leiderschap verwijst naar het eerste postulaat, *'je bent je eigen leider'*, een vaststelling van een gegeven én de oproep om daarnaar te handelen; een opgave voor het leven. Verantwoordelijkheid nemen voor wat je doet en laat, door na te gaan wat er speelt, in jezelf en in je omgeving, bij de anderen en met het oog op de taak die je op je hebt genomen met elkaar. Het tweede postulaat, *'storingen hebben voorrang'*, vult het eerste aan: neem ook de realiteit, binnen en buiten jezelf, en belemmeringen die het leren in de weg staan, serieus (zie ook Rubner, 1992).

De postulaten verbinden de drie niveaus met elkaar:
* op het theoretische niveau sluiten ze aan bij de axioma's die aansporen tot het nemen van beslissingen in verantwoordelijkheid voor jezelf en je omgeving
* op het niveau van de methode sluiten ze aan bij het werkprincipe van het dynamisch balanceren dat aanzet jezelf, de taak, de anderen en de context even serieus te nemen
* op het niveau van de instrumenten wordt het eerste postulaat het duidelijkst uitgedrukt in de hulpregels 'spreek met ik' en 'wees selectief én authentiek'. Ook het werken met thema's als instrument is een manier om de betrokkenheid van de mens op de wereld om hem heen gericht vorm te geven; het nodigt immers uit om je verhouding te bepalen tot dat stukje van de wereld dat in het thema is vervat (zie ook Kroeger, 1992).

De ontwikkeling van het eigen leiderschap is te zien als opperste leerdoel in het werken met TGI, zowel voor degene die leidt als voor de deelnemers aan de groepen of teamleden waarmee wordt gewerkt. We zien in deze bundel verschillende manieren om het eigen leiderschap te bevorderen.

9.4.1 Verschillende manieren

Van de Braak staat in haar managementopleiding model wanneer ze een cultuur van openheid creëert waarin de managers worden uitgenodigd naar voren te brengen wat hen echt bezighoudt. De managers leren zo hoe ze in hun organisatie een atmosfeer kunnen scheppen, waarin hun medewerkers zich aangemoedigd voelen om zich niet afhankelijk op te stellen en de ruimte die er voor eigen initiatief is, te nemen.

Middelkoop beschrijft hoe in de moderne onderwijsvormen wordt gewerkt aan de ontwikkeling van zelfstandigheid. Het gebeurt gestructureerd en stap voor stap. Aan dit stapsgewijze werken is een risico verbonden: als dat 'mechanistisch' wordt uitgevoerd, gebeurt er niets. Dan wordt geen leren leren bevorderd en schiet deze nieuwe aanpak zijn doel voorbij. Hier kan TGI iets belangrijks toevoegen, namelijk vanuit de grondhouding en met het TGI-kompas in de hand werken aan het eigen leiderschap door te werken met wat zich aandient. Hierover zegt d'Hertefelt: 'Levend leren wordt ondersteund en vooruit geholpen door te thematiseren wat zich aandient in de groep, zowel op inhoudelijk vlak als op het niveau van het proces.' Door met thema's te werken raken de leden van haar supervisiegroep meer betrokken bij hun eigen problemen rond het werk en die van elkaar, ze krijgen beter zicht op verschillen en het onderling vertrouwen neemt toe. Er kan nog meer gedaan worden om het eigen leiderschap te bevorderen.

9.4.2 Inhoud en interactie

Vangrinsven beschrijft hoe zij met het eerste thema ('*Ik presenteer me aan jullie op creatieve wijze en jullie geven mij je associaties daarbij*') en de structuur van plenair werken de deelnemers in haar cursus uitdaagt om een risico te nemen. Ze moeten kiezen hoe ze zich presenteren, een keuze die ze laat voelen wat in het eerste postulaat besloten ligt, namelijk de spanning tussen jezelf willen zijn en jezelf laten zien aan de ene kant en erbij willen horen aan de andere kant. Juist het feit dat er in die fase nog grote onzekerheid bestaat over wat van de anderen en deze cursus valt te verwachten, kunnen de deelnemers niet anders dan het erop wagen en daarvoor staan. Vangrinsven balanceert 'tussen dief en moordenaar', als ervaren opleider is ze gevoelig voor signalen van deelnemers. Het storingenpostulaat houdt respect in voor wat het leren in de weg staat.

d'Hertefelt maakt de lezer deelgenoot van haar reflecties wanneer ze in een van de 'penibele kwesties' haar mogelijkheden en grenzen in het bevorderen van het eigen leiderschap aangeeft. In het bespreken van de problemen rond werk van de groep besteedt ze zeker aandacht aan de ontwikkeling van het eigen leiderschap in hun werk. Tegelijkertijd vraagt ze zich af hoe afhankelijk ze haar groep maakt of houdt, door te structureren, de thema's te formuleren en de opdrachten te geven. De parallel met wat Middelkoop aangeeft, dringt zich op: door de structuur of de manier van leiden kun je dat wat je wilt bereiken (grotere betrokkenheid bij het werk, meer durf om te staan voor eigen keuzes), op procesniveau weer ontkrachten. Door tijdens de sessies de touwtjes stevig in handen te houden doet d'Hertefelt naar haar eigen smaak onvoldoende om de deelnemers steeds meer verantwoordelijk te laten worden voor hun eigen leerproces. Ze mist hiermee de kans om in het hier-en-nu van de supervisiebijeenkomsten de leeropgaven van de groep in hun werksituatie te intensiveren. Blijkbaar is het niet eenvoudig om in de directe interactie in een groep of team te werken aan de toenemende zelfstandigheid en sturing van alle betrokkenen, noch voor de docenten die met nieuwe onderwijsvormen werken, noch voor de supervisor die bewust kiest voor intensivering van het leren.

Hendriksen zegt in zijn inleidende hoofdstuk: 'De waarde die Cohn aan dit postulaat hecht, hangt nauw samen met de gedachte dat bewust eigen leiderschap, gebaseerd op de geformuleerde axioma's, kan voorkomen dat dictatoriale leiders ons opnieuw zullen overheersen'. Eigen leiderschap impliceert dus kritische zin en zelfstandig denken. Zou het dan niet nuttig zijn mensen de gelegenheid te bieden om deze te ontwikkelen? Bijvoorbeeld zo:

Als deelnemer in TGI-cursussen vond ik het altijd prettig om te kunnen volgen hoe de leiding op het volgende thema was gekomen. Nu ik zelf de leiding heb, denk ik uitvoerig na over de volgende stap. Van deze overwegingen vertel ik dan iets in de inleiding op het volgende thema. Dat is transparant zijn, dat 'haalt de groep af', zo kunnen de deelnemers makkelijker mee met wat ik voorstel. En toch, als TGI mensen moet leren minder meegaand te zijn, is dit misschien niet altijd de manier.

Ik stel me dit voor: ik zou in een cursus voor leraren uit het voortgezet onderwijs in Nederland met als onderwerp de motivatie van hun leerlingen én hun eigen motivatie de deelnemers willen laten ervaren hoe het is en wat het met je motivatie doet, wanneer iemand voor de klas bepaalt wat er gaat gebeuren. Ik zou er dan voor kiezen niet transparant te zijn. Ik hoop op die manier hun verzet te mobiliseren, ik denk dat ze dan willen nagaan in hoeverre ze bereid zijn met mijn program-

ma mee te gaan. Als ze hun bezwaren onder woorden brengen, kan er een gesprek op gang komen en kunnen we aan het werk.

Zo zou ik een aspect van de inhoud met de interactie willen verbinden. Dat gaat zo: gebrek aan motivatie - een aspect van de inhoud - is naar mijn opvatting niet een gegeven dat bij leerlingen en leraren hoort. Jammer genoeg raken we er in het onderwijs doorgaans aan gewend om dingen te doen die we niet interessant vinden. Ik zou als lesgevende of als nascholer van leraren willen weten wat hen bezighoudt en wat ze willen leren. Daar kan ik dan op aansluiten of er juist iets tegenover zetten. Ik zou ze dus in de interactie een beetje kritisch willen maken, zodat ze moeten nadenken over wat ze wél willen als het niet is, wat ik voorstel.

Inhoud en interactie verbinden. Het klinkt simpel, het blijkt in de praktijk een hele klus: de persoon die met TGI werkt, is in het geding.

9.5 De persoon

In de voorgaande paragrafen heb ik bij herhaling aangestipt dat de persoon die met TGI werkt en groepen leidt, een belangrijke rol speelt. Cohn zegt dat iedereen TGI op eigen wijze moet integreren in zijn persoon: *'Ik ben als begeleider een deelnemer zoals jullie. En ik treed op als begeleider. Ik ben chairman van mijn eigen ik en chairman van de groep.* Als chairman van de groep gebruik ik mezelf als instrument, mezelf, hoe ik me ook voel. Het is mijn verantwoordelijkheid niet om uit de begeleidingsfunctie te stappen, uit mezelf, uit de groep of uit het thema. Ik voel, denk, ben uit mijn evenwicht, ben kalm, apathisch of gepassioneerd, hoe ik me ook mag voelen. Ik wil mezelf er niet buiten houden en ik wil me op jullie afstemmen en het thema vasthouden. *Ik ben optimaal (niet maximaal) helder voor jullie.* Dit is de grondhouding van de begeleider van TGI-groepen (dezelfde houding als die van ervaringstherapeuten). Echt en congruent partner-zijn wordt als pedagogisch-therapeutisch middel gezien' (Cohn, 1997).

Met dit type leiderschap wilde Cohn de gevoelens die mensen op degene die leidt als autoriteitsfiguur overdragen, helpen afbouwen. Dit *participerende leiderschap* onderscheidt TGI van andere benaderingen. De persoon, de persoonlijkheid van degene die leidt, is een instrument waarmee hij stuurt, bedoeld én onbedoeld. Je kunt bewust bepaalde dingen doen of laten met het oog op een bepaald effect; intussen doet je persoonlijkheid, 'wie je bent', eenvoudigweg zijn werk. Dat betekent dat je voor iedere deelnemer op verschillende wijze een autoriteitsfiguur bent, met alle beelden, wensen, fantasieën die hij oproept. Tegelijkertijd kun je ertoe bijdragen dat overdracht niet nodeloos wordt versterkt, door die te accepteren als een verschijnsel dat bij ons leven hoort en door zo duidelijk mogelijk te zijn over wat je beweegt in het leiden van groepen.

Toen Ruth Cohn aan de vooravond van de eerste bijeenkomst over tegenoverdracht (zie Hendriksen en De Wit in hoofdstuk 4) besloot om als eerste een casus uit haar therapiepraktijk in te brengen, waarvan ze vermoedde dat er tegenoverdracht in het spel was, deed ze dat om de analytici in opleiding over een drempel te helpen. In die tijd was tegenoverdracht nog taboe. Als analyticus moest je je verleden hebben verwerkt en geïntegreerd. Cohn heeft zelf een grote betekenis aan deze beslissing gegeven en meedoen, deelnemer zijn met de anderen, is in het werken met TGI de norm geworden.

In het samenhangende systeem van theorie, methode en instrumenten dat ik in paragraaf 9.2 van dit hoofdstuk heb gepresenteerd, wordt het participerend leiderschap, behorend bij de persoon als instrument, opgevat als de manier waarop je vormgeeft aan je betrokkenheid; je kunt immers niet *niet* betrokken zijn. In recente literatuur over participerend leiderschap (Lemaire, 2001) komen we een pleidooi tegen voor deze opvatting. Ga in elke situatie na hoe je aan deze betrokkenheid wilt vormgeven, rekening houdend met het doel dat je wilt bereiken. Lemaire stelt bijvoorbeeld dat mensen die met TGI leren werken, in hun opleiding de gelegenheid moeten hebben om hun verhouding tot autoriteiten te leren kennen en te ontwikkelen. Zelf in de leiding worden ze immers ook geconfronteerd met allerlei voornamelijk onbewuste gevoelens en fantasieën die deelnemers op hen in die rol overdragen. Om je verhouding tot autoriteit te leren kennen heb je confrontatie en discussie nodig met de opleider. Zou dit van deze laatste niet vooral rolvastheid, meer dan een participerend leiderschap in de traditionele betekenis vragen?

Jezelf als persoon hanteren als instrument brengt met zich mee dat je je steeds zo veel mogelijk bewust bent van wat er speelt, in je binnenwereld en daarbuiten. Zo leer je jezelf steeds beter kennen, met je tegenstrijdigheden en met de kanten die je liever niet hebt. De winst daarvan is dat je met je eigen binnenwereld vertrouwd raakt en ook opener kunt staan voor wat er uit de groep komt.

Leren werken met TGI is - dat moge blijken uit het voorafgaande - ook zelf blijven leren.

In deze bundel zie ik auteurs die over zichzelf als lerende persoon schrijven en auteurs die de persoon van anderen als lerend en in ontwikkeling ten tonele voeren.

D'hertefelt is expliciet over haar beroepsmatige ontwikkeling als supervisor. De eerdergenoemde 'penibele kwesties' laten zien wat dat leren over jezelf als persoon kan inhouden. '... en wat heb ik kennelijk zelf nodig aan houvast - opleiding, training, therapie - om goed genoeg te zijn in mijn werk met groepen'. Zo maakt ze in haar tekst zichtbaar wat ze benoemt: deze aanpak stelt hoge eisen aan haar als supervisor, dat is telkens opnieuw 'zoeken naar de gepaste weg en het specifieke van waar we dan uitkomen'. Dit laatste is voor haar inherent aan levend leren.

Ook Eylenbosch laat zien hoe hij, zichzelf kennende, de thema-formulering gebruikt om zichzelf met zijn 'vermanend vingertje' te corrigeren. Uit zijn beschrijving van het ontwerp, het verloop en de evaluatie van de cursus pastoraal handelen komt een beeld naar voren van iemand die zichzelf keer op keer terugfluit en zijn idealen telkens opnieuw bijstelt.

Vangrinsven illustreert hoe de rol van cursusleider verankerd ligt in de persoonlijkheid. Zij is zich er bijvoorbeeld van bewust dat haar gedrag - de mate van afstand ten opzichte van de deelnemers - effect heeft op de groeiende autonomie van de mensen. Om die meer kans te geven besluit ze zich niet tussen de bedrijven door en 's avonds na het werk met de deelnemers in te laten, zeker niet in de beginfase. Daarvoor moet ze echter als persoon iets nieuws doen. Dit is een voorbeeld van ontwikkeling van de persoonlijkheid gekoppeld aan de rol van cursusleider.

Van de Braak is expliciet over de eisen die het werken met het vier-factorenmodel aan de manager als persoon stelt. 'Werkelijk op deze manier gaan leidinggeven vraagt echter vaak om een intensieve leerweg, ook in de persoonlijke ontwikkeling van de leider'. Ze noemt dan eerst de ontwikkeling van het eigen leiderschap, en dan moed, zicht op persoonlijke thema's, openheid en echtheid. Voor de manager is het in haar ogen een uitdaging om onze universele verbondenheid, uitgedrukt in Cohns axioma's, vorm te geven in zijn organisatie.

Dynamisch balanceren, ontwikkeling van *eigen leiderschap* en de rol van de *persoon* en persoonlijkheid, de samenhang is door alle hoofdstukken heen voelbaar, ook wanneer die niet expliciet is benoemd. Integreren van TGI in de persoon gaat niet vanzelf en het vraagt tijd. De opleiding tot het diploma is zo ingericht dat die integratie een goede kans krijgt. Op elk gebied dat in de opleiding aandacht krijgt - persoonlijkheid, houding, methode, moeilijke groepssituaties en crises, en beroepsrol - wordt de relatie gelegd met de persoonlijke integratie. De omgang met moeilijke situaties en crises in groepen die nog niet in deze termen aan de orde is geweest, is een belangrijk onderdeel van de opleiding. In 'crisiscursussen' kunnen deelnemers theoretische en praktische kennis verkrijgen over crises in het groepsproces, over de belangrijkste persoonlijkheidsstructuren, over psychopathologisch gedrag en het effect daarvan op het groepsproces. Zij doen ervaring op met adequate vormen van preventie en interventie in niet-therapeutische groepen. Door zich in de eigen persoonlijkheidsstructuur te verdiepen breiden ze hun handelingsrepertoire uit. Zo biedt de opleiding optimale garantie voor de integratie van het werken met TGI in de persoon.

Ik sluit dit gedeelte af met de kernachtige beschrijving van wat je te doen staat in het leiden van groepen: 'Een aanzet geven, vertrouwen hebben, ruimte laten.' (Cohn, 1997)

9.6   Samenvatting en perspectieven

In deze bundel zijn verschillende beroepsvelden en toepassingsgebieden de revue gepasseerd. Pastoraal werk, coördinatie wijkgericht jeugdwerk en supervisie in het kader van een voortgezette opleiding van leraren buitengewoon onderwijs, dit alles in Vlaanderen. De Nederlandse auteurs bevinden zich op het terrein van training, hoger beroepsonderwijs en TGI-opleiding. Of die verschillen iets te maken hebben met de verschillende, Vlaamse en Nederlandse context is een interessante vraag die buiten dit kader valt.

Ter afsluiting van deze bundel neem ik de globes in het vizier. Deze globes vertegenwoordigen verschillende culturen - het bedrijfsleven, het opbouwwerk, het onderwijs, TGI-opleiding - die uitnodigen om verschillende accenten te leggen. Hanteren we het begrip *dynamisch balanceren,* dan zullen bijvoorbeeld in het bedrijfsleven de taak en de context de factoren zijn waar de meeste aandacht naar uitgaat, wellicht ten koste van de twee andere. Hier is dan versterking van de aandacht voor de persoon en de samenwerking in teams, afgestemd op de taak in die context, belangrijk. Dat wordt ons ook duidelijk in de bijdrage van Van de Braak, die het zwaartepunt heeft gelegd op het vier-factorenmodel als middel om via de managers, in hun rol en als persoon, in te grijpen in organisaties. Hiermee heeft ze bij wijze van spreken TGI voor organisaties vertaald.

De vraag die we ons nu en in de toekomst kunnen stellen is: wat heeft TGI in dit bepaalde beroepsveld of in dit toepassingsgebied te bieden, aan te vullen, te versterken? Wat is het precies en welke uitwerking van TGI is dan nodig? De bijdragen in deze bundel geven hiertoe in meer of mindere mate een aanzet. Zelf heb ik een begin gemaakt voor het onderwijs, voor supervisie en voor intervisie (Kuiper 1999, 2001, 2002).

Aanvullen, toevoegen en daarmee een intensivering en verdieping van de betrokkenheid bij de taak op gang brengen. Dit houdt vanzelf omgaan met verschillen tussen mensen in, niet alleen psychologische en sociaal-culturele, maar ook verschillen in belangen en in macht, waarbij de kans op óf afhaken óf vechten toeneemt. Omgaan met verschillen is werken met conflicten, is gebruikmaken van conflicten om verder te komen.

Krachtige kenmerken van TGI:
- verbinding van inhoud en interactie, dat is taak- én procesgericht werken. Dit onderscheidt TGI van andere benaderingen en geeft levendigheid én diepgang aan leren en werken;
- aansluiting bij de persoon die leert en werkt. In deze bundel zien we hoe dat kan uitwerken: zoveel auteurs, zoveel opvattingen. Alleen een kracht?
- dynamisch balanceren als dé manier om de betrokkenheid te richten en te versterken;
- integratie van TGI als systeem in de persoon bevordert resultaat op taakniveau;
- TGI doet iets met mensen waardoor mensen iets met TGI doen: het systeem, de ideeën en idealen kunnen nog zo mooi zijn, het zijn de mensen die het waarmaken.

Literatuur

Braak, Ineke van de. TGI, een integratieve en waardegebonden benadering van leiderschap. In: *Tijdschrift voor Themagecentreerde Interactie, 6/2001.*

Callens, Ivo. *Het concept levend leren.* VU, Amsterdam, 1983.

Cohn, Ruth. *Van psychoanalyse naar themagecentreerde Interactie.* Nelissen, Baarn, 1997-4.

Kroeger, Matthias. Anthropologische Grundannahmen der Themenzentrierte Interaktion. In: *TZI, pädagogisch-therapeutische Gruppenarbeit nach Ruth C. Cohn.* Klett Cotta, Stuttgart, 1992.

Kuiper, Drs. Ph. *Themagecentreerde Interactie in het Onderwijs.* In: Handboek Leerlingbegeleiding Samsom, Alphen aan den Rijn, 1999.

Kuiper, Phien. Themagecentreerde Interactie in het onderwijs: in gesprek met het forum. In: *Tijdschrift voor Themagecentreerde Interactie, 2/1999.*

Kuiper, Phien. Themagecentreerde Interactie in groepssupervisie. In: *Supervisie in Opleiding en Beroep,* 18 (2001) 2.

Kuiper, Phien. Intervisie, begeleiding van intervisie en TGI: over leren en leiderschap. In:*Tijdschrift voor Themagecentreerde Interactie,* 8/2002.

Lemaire, Bernhard. Partizipierend Leiten – wem oder was nützt der vorprogrammierte Rollenkonflikt? In: *Kompetente LeiterInnen, Beiträge zum Leitungsverständnis nach TZI.*, Hahn, K. u.a. (Hrg.) Grünewald, Mainz, 2001.

Reiser, Helmut en Walter Lotz. *Themenzentrierte Interaktion als Pädagogik.* Grünewald, Mainz, 1995.

Rubner, E. u.a. (Hrg.). *Störung als Beitrag zum Gruppengeschehen. Zum Verständnis des Störungspostulats der TZI in Gruppen.* Grünewald, Mainz, 1992.

Phien Kuiper (1944) is psycholoog, supervisor en leersupervisor en verbonden aan de lerarenopleiding van de Hogeschool van Utrecht voor supervisie en coaching van medewerkers. Als TGI-opleider is ze ook actief in het internationale verband, vooral op het terrein van de opleiding van TGI-opleiders. Plezier in blijven leren, waarbij de psychoanalytische basis van TGI telkens opnieuw inspireert.

En? Snap je nu wat ik bedoel?
Nou nee, nog niet helemaal.

Dat dacht ik al. Dan moet je het toch maar eens ervaren.

Bijlage 1 Literatuur TGI

Nederlandstalig

Callens, I. *Leiderschap m/v*. Hoe generatief leiderschap diversiteit bevordert. Opportunity in Bedrijf/Centre for Generative Leadership, Amstelveen/Utrecht, 2003.
Verkrijgbaar bij Centre for Generative Leadership, Nieuwegracht 36b NL-3512 LS Utrecht.
Tel. 0031-30-2314565/ info@callens-cgl.com
Cohn, Ruth C. *Van psychoanalyse naar themagecentreerde interactie*. Bouwstenen voor een pedagogisch systeem voor onderwijs, vorming en hulpverlening. Nelissen, Soest, 1993-3.
Löhmer, C. en Standhart, R. *Themagecentreerde interactie*. De kunst zichzelf en groepen te leiden. Garant, Leuven/Apeldoorn, 1998.

Duitstalig (keuze)

Cohn, Ruth C. und Farau, Alfred. *Gelebte Geschichte der Psychotherapie*. Zwei Perspektiven. Klett-Cotta, Stuttgart, 1995-2.
Cohn, Ruth C. und Terfurth, Christina (Eds.). *Lebendiges Lehren und lernen*. TZI macht Schule. Klett-Cotta, Stuttgart, 1997-3.
Langmaack, Barbara. *Themenzentrierte Interaktion*. Einführende Texte rund ums Dreieck. Beltz Taschenbuch, Weinheim/Basel, 1996-3.
Langmaack, Barbara, Braune-Krickau, Michael. *Wie die Gruppe laufen lernt*. Beltz Verlag, Weinheim, 2000-7.
Hahn, Karin, Schraut, Marianne usw. *Kompetente LeiterInnen*. Beitrage zum Leitungsverständnis nach TZI. Matthias-Grünewald, Mainz, 2001.
Hahn, Karin, Marianne Schraut, Klaus-Volker Schütz, Christel Wagner. *Themenzentrierten Supervision*. Matthias-Grünewald Verlag, Mainz, 1998.
Lotz, Walter. *Sozialpädagogisch Handeln*. Eine Grundlegung sozialer Beziehungsarbeit mit Themenzentrierter Interaktion. Matthias-Grünewald, Mainz, 2003.
Rubner, Eike (Hg). *Störung als Beitrag zum Gruppengeschehen*. Matthias-Grünewald Verlag, Mainz, 1992.
De Duitstalige boeken zijn te bestellen via de website van het Ruth Cohn Instituut-international te Basel. www.forum.tzi (Amazon.de).

Engelstalig

Mary Ann Kuebel (Ed.). *Living Learning.* A reader in Theme-centered Interaction. Media House, Delhi, 2002 (verkrijgbaar via www.forum.tzi)

Tijdschriften

Tijdschrift voor themagecentreerde interactie (Nederlandstalig).
Abonnementen/bestellingen via Ruth Cohn Instituut-Lage Landen
Postbus 404, 6300 BA Valkenburg a/d Geul
Tel. 031-43 6011652

Themenzentrierten Interaktion (Duitstalig met Engelse samenvattingen)
Ruth Cohn Institute for TCI-international
St. Alban-Rheinweg 222, CH 4052 Basel
Tel. 0041-61 3176601
Mail: sekretariat@ruth-cohn-institute.org

Bijlage 2 Adresgegevens en websites

Websites
— algemene info over TGI; internationaal cursusaanbod, boeken en dergelijke: www.forum.tzi
— verenigingszaken, internationaal: www.ruth-cohn-institute.org
— Ruth Cohn Instituut voor TGI-Lage Landen: www.tgi-forum.com

Contactadressen

Ruth Cohn Institute for TCI-international
St. Alban Rheinweg 222
CH-4006 Basel
Tel. 0041-61-3176601
Fax. 0041-61-3176602
Mail: secretariat@ruth-cohn-institute.org
Net: www.ruth-cohn-institute.org

Ruth Cohn Instituut voor TGI-Lage Landen
Postbus 404
6300 BA Valkenburg a/d Geul
Tel. 0031-43-6011652
Fax 0031-43-6011654
Mail: www.tgi-forum.com

Bijlage 3 Cursusaanbod en opleidingen

Het Ruth Cohn Instituut voor TGI-Lage Landen biedt naast een aantal kortere cursussen ook verschillende beroepsgerichte opleidingsroutes aan.

Basisopleiding met certificaat
De basisopleiding omvat zes vijfdaagsen en een afsluitende certificaatworkshop.
- Inleiding in theorie en methodiek van het leiden van groepen met TGI
- Grondslagen van het TGI-leiderschap.

Het certificaat kan op twee manieren verkregen worden:
- In een compacte opleidingsroute: vaste leergroep met afsluiting in een tijdsbestek van twee jaar
- In een bouwdoossysteem: opleidingsroute in wisselende groepen met zes vijfdaagsen binnen een zelf gekozen tijdsbestek.

Opleiding tot het diploma
De diplomaopleiding is een op het beroepsveld betrokken geïndividualiseerde leerweg, met relevante begeleiding. De opleiding wordt afgesloten met de diplomaworkshop. Voorwaarde voor deelname is een afgeronde basisopleiding. De volgende thema's komen aan de orde:
- Verdiepte kennis van theorie en methodiek van TGI
- Proces- en doelgericht plannen, evalueren en leiden van groepen, teams, leergangen, grote groepen enzovoort
- Toepassing van TGI in verschillende werkterreinen
- Het leiden van een peergroep oefenen en leren.

Opleidingsbevoegdheid (graduering)
Na het behalen van het diploma kan de opleidingsbevoegdheid verworven worden. TGI-opleiders werken op uiteenlopende gebieden met TGI.
- Methodiek van het opleiden in leiden van groepen
- Verdieping en verdere ontwikkeling van de theorie.

Korte cursussen zijn vaak ook toegankelijk voor geïnteresseerden zonder TGI-achtergrond of ervaring. Voor het aanbod verwijzen wij u naar de websites van de verenigingen. Er is een aanbod in het Duits, Engels en het Nederlands. Een aantal cursussen is tweetalig (Duits/Engels).